Short Stories
in Greek

For Beginners
and Intermediate Learners

A2-B1

Greek-English
Parallel Text

Constantine Eliades

© 2022 Constantine Eliades.
All rights reserved.

The eight short stories in this book:

Οι καλοκαιρινές μου διακοπές στη Μύκονο
My summer vacation in Mykonos
Four friends spend their summer in Mykonos, for one of them, it might be a time to remember.

Η οικογένεια συνεχίζει να μεγαλώνει
The family keeps growing
The life of a young and happy couple will be changed forever.

Ματέο ή Οδυσσέας;
Mateo or Odysseus?
A woman has started a new life in Athens, and she asks her friend to help her make a very important decision.

Συνέντευξη του Δημήτρη Καραμάνου
Dimitris Karamanos Interview
A Greek actor answers questions about his life and gives advice on how to become a successful actor.

Αναμνήσεις της γιαγιάς μου
Memories of my grandmother
A painter remembers her grandmother and how she impacted her life.

Το πάρτι γενεθλίων της καλύτερής μου φίλης
My best friend's birthday party
A girl goes to her friend's birthday party. Everything is perfect that day, but there's a little problem.

Βρίσκετε τον έρωτα στη Σαντορίνη;
Finding love in Santorini?
They say sometimes you have to go far to find the love of your life. Will this be the case?

Μια συνέντευξη για δουλειά, ή δύο;
A job interview, or two?
A young unemployed woman in Athens is looking for a job, will she get the job of her dreams?

Οι καλοκαιρινές μου διακοπές στη Μύκονο

My summer vacation in Mykonos

Ονομάζομαι Λεωνίδας Παπαδόπουλος και είμαι είκοσι ετών. Γεννήθηκα στη Θεσσαλονίκη, μια πόλη στην Ελλάδα, αλλά ζω στην Αθήνα για περισσότερα από δέκα χρόνια.

My name is Leonidas Papadopoulos and I am twenty years old. I was born in Thessaloniki, a city in Greece, but I have lived in Athens for more than ten years.

Σπουδάζω μηχανική στο πανεπιστήμιο και μου αρέσει πολύ να κάνω αθλήματα όπως ποδόσφαιρο και βόλεϊ, ενώ τα Σαββατοκύριακα μου αρέσει να περνάω ώρες παίζοντας βιντεοπαιχνίδια με τους φίλους μου.

I study engineering at university and I really like to play sports like soccer and volleyball, and on the weekends I like to spend hours playing video games with my friends.

Η ζωή μου είναι λίγο βαρετή επειδή περνάω πολύ χρόνο μελετώντας, ορισμένα μαθήματα στο πανεπιστήμιο μπορεί να είναι πολύ δύσκολα, αλλά το περασμένο καλοκαίρι ήταν πολύ διασκεδαστικό.
My life is a bit boring because I spend a lot of time studying, some subjects at university can be very challenging, but last summer it was a lot of fun.

Τον Ιούλιο πήγα διακοπές με μερικούς φίλους στη Μύκονο. Η Μύκονος είναι ένα πολύ τουριστικό νησί στο Αιγαίο με όμορφες παραλίες, μια εξαιρετική επιλογή για να περάσετε ένα καλό καλοκαίρι με την παρέα σας.
In July I went on vacation with some friends to Mykonos. Mykonos is a very touristy island in the Aegean sea with beautiful beaches, an excellent option to spend a good summer with your friends.

Στη Μύκονο υπάρχουν πολλά μέρη για ψώνια, μπαρ και κέντρα διασκέδασης για όλα τα γούστα. Οι φίλοι μου και εγώ νοικιάσαμε ένα διαμέρισμα όχι μακριά από την παραλία για μια εβδομάδα.

In Mykonos there are many places to go shopping, bars and entertainment venues for all tastes. My friends and I rented an apartment not far from the beach for a week.

Είναι ευχαρίστηση να περνάτε χρόνο με τους φίλους σας σε ένα τόσο όμορφο νησί και με εκπληκτική θέα στη θάλασσα. Τα ηλιοβασιλέματα είναι πολύ όμορφα!
It is a pleasure to spend time with your friends in such a beautiful island and with a spectacular view of the sea. The sunsets are very beautiful!

Είμαστε μια ενδιαφέρουσα ομάδα φίλων. Η Λυδία είναι είκοσι ενός ετών και επίσης από την Αθήνα. Σπουδάζει μηχανική μαζί μου και στον ελεύθερο χρόνο της λατρεύει τη μαγειρική και τη ζαχαροπλαστική.
We are an interesting group of friends. Lydia is twenty-one years old and also from Athens. She studies engineering with me and in her free time she loves cooking and baking.

Έχω δοκιμάσει τα πιάτα και τα κέικ της Λυδίας και είναι πεντανόστιμα, η Λυδία είναι πολύ καλή μαγείρισσα και πολύ καλό

κορίτσι, αλλά είναι λίγο ντροπαλή και εσωστρεφής.

I have tried Lydia's dishes and cakes, and they are delicious, Lydia is a very good cook and a very nice girl, but she is a bit shy and introverted.

Ο Χριστόφορος είναι από την Πάτρα, είναι είκοσι ετών και σπουδάζει ιατρική, αλλά το πάθος του είναι τα σπορ αυτοκίνητα. Είναι πολύ κοινωνικός, του αρέσουν τα πάρτι και οι νέες γνωριμίες. Είναι πολύ διαφορετικός από τη Λυδία.

Christopher is from Patras, he is twenty years old and studies medicine, but his passion is sports cars. He is very sociable, he loves parties and meeting new people. He's very different from Lydia.

Τέλος, ο Στέφανος, από τη Ρόδο, είναι φοιτητής εσωτερικού σχεδιασμού και ενδιαφέρεται πολύ για τη μόδα και τις τελευταίες τάσεις.

Finally there is Stefanos, from Rhodes, he is an interior design student and he's very interested in fashion and the latest trends.

Οι φίλοι μου και εγώ γνωριζόμαστε εδώ και μερικά χρόνια και, παρόλο που έχουμε πολύ διαφορετικά ενδιαφέροντα, τα πάμε πολύ καλά, οπότε το να ζήσουμε μαζί τους για μια εβδομάδα ήταν πολύ ωραίο.

My friends and I have known each other for a couple of years and, despite having very different interests, we get along very well so living with them for a week was very nice.

Η πρώτη μέρα των διακοπών μας ήταν πολύ καλή. Το πρωί σηκωθήκαμε πολύ νωρίς για να αξιοποιήσουμε στο έπακρο την ημέρα. Πήγαμε στην παραλία, μπήκαμε στη θάλασσα και κολυμπήσαμε για ώρες, μετά ο Χριστόφορος και εγώ παίξαμε βόλεϊ ενώ η Λυδία και ο Στέφανος έκαναν ηλιοθεραπεία.

The first day of our vacation was very good. In the morning we got up very early to make the most of the day. We went to the beach, went into the sea and swam for hours, then Christopher and I played volleyball while Lydia and Stefanos sunbathed.

Μέχρι το μεσημέρι έκανε πολύ ζέστη και επιστρέψαμε στο διαμέρισμά μας. Με λίγη βοήθεια από εμάς, η Λυδία ετοίμασε μερικά εξαιρετικά ψάρια και θαλασσινά για μεσημεριανό γεύμα και μετά πήραμε έναν υπνάκο μέχρι τις έξι το απόγευμα.

By noon it was very hot and we returned to our flat. With a little help from us, Lydia prepared some excellent fish and seafood for lunch and afterwards we took a nap until six in the afternoon.

Το πρώτο βράδυ των διακοπών μας αποφασίσαμε να πάμε σε ένα κοντινό μπαρ, αλλά η Λυδία δεν ήθελε να πάει. Η Λυδία είπε ότι ήταν πολύ κουρασμένη και νυσταγμένη.

The first night of our vacation we decided to go to a nearby bar, but Lydia didn't want to go. Lydia said that she was very tired and sleepy.

Ο Χριστόφορος, ο Στέφανος και εγώ περάσαμε μια πολύ διασκεδαστική νύχτα, ήπιαμε πολλές μπύρες και μιλήσαμε μέχρι πολύ αργά, αλλά νιώθαμε λίγο άσχημα γιατί

η Λυδία ήταν μόνη της στο διαμέρισμα ενώ εμείς περνούσαμε υπέροχα.

Christopher, Stefanos and I had a very fun night, we drank a lot of beer and talked until very late, but we felt a little bad because Lydia was alone in the flat while we had a great time.

Όπως έχω ξαναπεί, η Λυδία δεν είναι πολύ κοινωνική και δεν της αρέσει να βγαίνει συχνά έξω, πιθανώς η κούραση της ήταν απλώς μια δικαιολογία για να μείνει στο σπίτι.

As I have said before, Lydia is not very sociable and does not like to go out a lot, probably her fatigue was just an excuse to stay at home.

Τη δεύτερη μέρα των διακοπών πήγαμε και εμείς στην παραλία. Το βράδυ, με μεγάλη προσπάθεια καταφέραμε να πείσουμε τη Λυδία να έρθει μαζί μας σε ένα ηλεκτρονικό πάρτι στην παραλία. Τέτοιες εκδηλώσεις είναι πολύ συνηθισμένες στη Μύκονο. Ήμασταν όλοι πολύ χαρούμενοι που η Λυδία ήταν μαζί μας αυτή τη φορά!

The second day of vacation we went to the beach too. In the evening, with a lot of effort we managed to convince Lydia to go with us to an electronic party on the beach. Events like this are very common in Mykonos. We were all very happy that Lydia was with us this time!

Η Λυδία δεν γνωρίζει πολλά για τη μόδα και το στυλ, οπότε ο Στέφανος τη βοήθησε να διαλέξει τι να φορέσει και πώς να μακιγιαριστεί. Μετά από αυτή τη μεταμόρφωση, η Λυδία ήταν πανέμορφη, έμοιαζε πραγματικά με σταρ του Χόλιγουντ.
Lydia doesn't know much about fashion and style so Stefanos helped her choose what to wear and how to put on makeup. After this transformation, Lydia looked beautiful, she really looked like a Hollywood star.

Όταν πήγαμε στο πάρτι υπήρχε πολύς κόσμος, ήταν γεμάτο από νέους και λιγότερο νέους. Όλοι είχαν έρθει επειδή ένας πολύ διάσημος DJ είχε προσκληθεί να παίξει στο πάρτι.
When we went to the party there were a lot of people, it was full of young and not so young

people. Everyone had come because a very famous DJ had been invited to play at the party.

Η μουσική ήταν πολύ καλή και η ατμόσφαιρα χαλαρή. Το να ακούς μουσική ενώ αισθάνεσαι τη θαλασσινή αύρα είναι τόσο δροσερό. Όλοι νιώσαμε ότι το να έρθουμε στο πάρτι ήταν μια πολύ καλή απόφαση. Τα αγόρια και εγώ αποφασίσαμε να πάμε για χορό, αλλά η Λυδία δεν ήθελε.
The music was very good and the atmosphere was relaxed. Listening to music while feeling the sea breeze is so cool. We all felt that coming to the party had been a very good decision. The boys and I decided to go dancing, but Lydia didn't want to.

Η Λυδία είναι τόσο ντροπαλή! Δεν της αρέσει να χορεύει και απλά καθόταν και έπινε κάτι ενώ εμείς πηγαίναμε να απολαύσουμε τη μουσική.
Lydia is so shy! She does not like to dance and she just sat drinking something while we went to enjoy the music.

Μετά από λίγο περισσότερο από μία ώρα κουραστήκαμε να χορεύουμε και επιστρέψαμε στο μέρος όπου είχαμε αφήσει τη Λυδία, αλλά δεν μπορούσαμε να τη βρούμε. Πού ήταν η Λυδία; Ήμασταν πολύ φοβισμένοι και φοβόμασταν τα χειρότερα.

After a little over an hour we got tired of dancing and went back to the place where we had left Lydia, but we couldn't find her. Where was Lydia? We were very scared and feared the worst.

Την καλέσαμε πολλές φορές, αλλά δεν απαντούσε στο τηλέφωνο. Φοβηθήκαμε πολύ ότι της είχε συμβεί κάτι κακό. Ψάξαμε στο πλήθος για τη Λυδία και ρωτήσαμε πολλούς ανθρώπους αν είχαν δει κάποια σαν κι αυτήν, αλλά κανείς δεν μας έδωσε χρήσιμες πληροφορίες και δεν μπορέσαμε να τη βρούμε.

We called her many times but she did not answer the phone. We were very afraid that something bad had happened to her. We searched the crowd for Lydia and asked many people if they had seen someone like her, but no one gave us any useful information and we couldn't find her.

Μετά από μερικές ώρες το πάρτι τελείωσε και ο κόσμος άρχισε να πηγαίνει στα σπίτια του. Υπήρχαν ήδη πολύ λίγοι άνθρωποι και τότε την είδαμε: Η Λυδία ήταν με ένα αγόρι και τον φιλούσε! Ήταν μεγάλη ανακούφιση και ταυτόχρονα μεγάλη έκπληξη να βλέπουμε την ντροπαλή μας Λυδία τόσο τρυφερή με έναν άγνωστο.

After a couple of hours the party ended and people began to go home. There were already very few people and then we saw her: Lydia was with a boy, kissing him! It was a great relief and at the same time a great surprise to see our shy friend so affectionate with a stranger.

Μόλις μας είδε, η Λυδία ζήτησε συγγνώμη που δεν απάντησε στα τηλεφωνήματα, επειδή η μουσική από το πάρτι ήταν τόσο δυνατή που δεν τα άκουγε. Το μόνο πράγμα που μας ενδιέφερε ήταν να την έχουμε ασφαλή και υγιή.

Upon seeing us, Lydia apologized for not answering the phonecalls because the music from the party was so loud that she did not hear them. The only thing that mattered to us was having her safe and sound.

Αργότερα, η Λυδία και ο Λίαμ αντάλλαξαν τηλέφωνα και αποχαιρέτησαν με ένα φιλί - ένα φιλί! Καθώς επιστρέφαμε στο διαμέρισμά μας, η Λυδία μας μίλησε για αυτό το αγόρι.

Later, Lydia and her new friend exchanged their phone numbers and said goodbye with a kiss. A kiss! As we walked back to our flat, Lydia told us about this boy.

Εκείνο το βράδυ, όταν την αφήσαμε για να πάμε για χορό, ο Liam ήρθε να χαιρετήσει τη Λυδί και άρχισε να της μιλάει. Παρά τη ντροπαλότητα της Λυδίας, σιγά σιγά έγιναν φίλοι και κάτι παραπάνω από φίλοι.

That night, when we left her to go dancing, Liam came over to greet Lydia and started talking to her. Despite Lydia's shyness, little by little they became friends and more than friends.

Ο Λίαμ είναι ένα ψηλό και πολύ ελκυστικό αγόρι, είναι είκοσι τεσσάρων ετών και είναι Βρετανός, αλλά κάνει διακοπές στην Ελλάδα, είναι επίσης ένας πολύ καλός ποιητής που έχει κερδίσει διαγωνισμούς ποίησης στη χώρα του.

Liam is a tall and very attractive boy, he is twenty-four years old and he is British, but he's on vacation in Greece, he is also a very good poet who has won poetry competitions in his country.

Την επόμενη μέρα πήγαμε στο χωριό Άνω Μερά. Πρόκειται για το μοναδικό χωριό στην ενδοχώρα του νησιού της Μυκόνου.
The following day we went to the village of Ano Mera. This is the only inland village on the island of Mykonos.

Η Άνω Μερά είναι ένα από τα πιο ήσυχα μέρη του νησιού, επειδή οι περισσότεροι τουρίστες αναζητούν πάνω απ' όλα ήλιο, παραλία και πάρτι, και η Άνω Μερά είναι ένα ήσυχο μικρό χωριό.
Ano Mera is one of the quietest places on the island, because most tourists seek above all sun, beach and party, and Ano Mera is a quiet little village.

Αλλά θέλαμε να γνωρίσουμε αυτό το όμορφο χωριό, και ήμασταν όλοι ευτυχείς που το επισκεφθήκαμε. Η Άνω Μερά είναι

γεμάτη λευκά κτίρια, γοητευτικές μικρές πλατείες και αρχαία μοναστήρια.

But we wanted to know this beautiful village, and we were all happpy that we visited it. Ano Mera is full of white buildings, charming small squares and ancient monasteries.

Υπάρχουν επίσης εστιατόρια και καφετέριες όπου μπορείτε να δοκιμάσετε νόστιμα παραδοσιακά γλυκά και υπάρχει επίσης μια αγορά στην κεντρική πλατεία όπου μπορείτε να αγοράσετε πρόβειο τυρί και άλλα τοπικά προϊόντα.

There are also restaurants and cafés where you can taste delicious traditional sweets and there's also a Mateoet in the main square where you can buy sheep's cheese and other local products.

Δοκιμάζαμε κάποιο τυρί όταν ξαφνικά ο Κρίστοφερ συνειδητοποίησε ότι η Λυδία δεν ήταν μαζί μας. Χάθηκε πάλι η Λυδία;

We were tasting some cheese when suddenly Christopher realized that Lydia was not with us. Was Lydia lost again?

Όχι πάλι! Την ψάξαμε στο χωριό, αλλά δεν ήταν πουθενά. Τότε αποφασίσαμε να ξεκουραστούμε λίγο και τελικά την είδαμε, ήταν κάτω από ένα δέντρο με τον Liam. Μας εξήγησε ότι ο Liam την έψαχνε για να βγει έξω εκείνη τη νύχτα.

Not again! We looked for her in the village but she was nowhere. Then we decided to rest a little and we finally saw her, she was under a tree with Liam. She explained that Liam had come looking for her to go out that night.

Ποιος θα το φανταζόταν; Η ντροπαλή φίλη μας βρήκε τον πρώτο της καλοκαιρινό έρωτα σε αυτές τις διακοπές και πέρασε τις υπόλοιπες μέρες μαζί του.

Who would have thought? Our shy friend found her first summer love on this vacation and spent the rest of the days with him.

Στο τέλος της εβδομάδας ο Λίαμ έπρεπε να φύγει για το Δουβλίνο και εμείς για την Αθήνα, οπότε η Λυδία και ο Λίαμ αποχαιρέτησαν, υποσχόμενοι ότι του χρόνου θα συναντηθούν ξανά εδώ.

At the end of the week Liam had to leave for Dublin and we for Athens, so Lydia and Liam said goodbye, promising that next year they would meet here again.

Δεν ξέρω αν ο Λίαμ και η Λυδία θα εκπληρώσουν την υπόσχεσή τους να ξαναβρεθούν στη Μύκονο του χρόνου. Ποιος ξέρει; Θα είναι κάτι περισσότερο από μια καλοκαιρινή αγάπη;
I don't know if Liam and Lydia will fulfill their promise to see each other again in Mykonos next year. Who knows? Will this be more than a summer love?

Δεν ξέρω, αλλά ο Χριστόφορος, ο Στέφανος και εγώ μάλλον θα πάμε κάπου αλλού τις επόμενες διακοπές. Υπάρχουν τόσα πολλά ενδιαφέροντα μέρη για να ανακαλύψουμε!
I don't know, but Christopher, Stefanos and I will probably go somewhere else the next vacation. There are so many interesting places to discover!

Η οικογένεια συνεχίζει να μεγαλώνει
The family keeps growing

Ονομάζομαι Αχιλλέας Ανδριανάκης, είμαι τριάντα ετών και ζω με την εικοσιεννιάχρονη σύζυγό μου Φάτμα στην Αθήνα.
My name is Achilles Andrianakis, I am thirty years old and I live with my twenty-nine-year-old wife Fatma in Athens.

Εγώ είμαι Έλληνας, αλλά η σύζυγός μου είναι από την Τουρκία, ήρθε στην Αθήνα με την οικογένειά της όταν ήταν δεκαπέντε ετών.
I am Greek, but my wife is from Turkey, she came to Athens with her family when she was fifteen years old.

Παρά το γεγονός ότι έχει ζήσει στην Ελλάδα για πολλά χρόνια, εξακολουθεί να έχει μια τουρκική προφορά, η οποία μου αρέσει πολύ.

Despite having lived in Greece for many years, she still has a bit of a Turkish accent, which I really like.

Η Φατμά και εγώ γνωριστήκαμε στο πάρτι γενεθλίων ενός κοινού φίλου πριν από τρία χρόνια. Ήταν έρωτας με την πρώτη ματιά! Από την πρώτη στιγμή που μιλήσαμε δεν σταματήσαμε να βλεπόμαστε.
Fatma and I met at a mutual friend's birthday party three years ago. It was love at first sight! From the first moment we spoke we did not stop seeing each other.

Η Φατμά είναι πολύ όμορφη, έχει σκούρα μαλλιά, ανοιχτόχρωμη επιδερμίδα και έχει μέτριο ύψος. Τα μάτια της είναι μεγάλα και καστανά και έχει ένα τέλειο χαμόγελο.
Fatma is very beautiful, she has dark hair, fair skin and she's of medium height. Her eyes are big and brown and she has a perfect smile.

Για μένα είναι η πιο όμορφη γυναίκα στον κόσμο. Επίσης, είναι πολύ γλυκιά και γοητευτική, και έχει μεγάλη αίσθηση του χιούμορ και εξυπνάδα.

To me, she is the most beautiful woman in the world. Also, she is very sweet and charming, and has a great sense of humor and intelligence.

Μετά από μερικούς μήνες που βγαίναμε και γνωριστήκαμε, αποφασίσαμε να παντρευτούμε.
After a few months of dating and getting to know each other we decided to get married.

Οι οικογένειές μας έλεγαν ότι ήταν πολύ νωρίς για να παντρευτούμε και ότι θα έπρεπε να περιμένουμε λίγο, αλλά ήμασταν σίγουροι ότι θέλαμε να περάσουμε το υπόλοιπο της ζωής μας μαζί.
Our families said that it was too early to get married and that we should wait a little while, but we were sure that we wanted to spend the rest of our lives together.

Δεν είδαμε κανένα λόγο να αναβάλουμε το γάμο μας. Παντρευτήκαμε πριν από δύο χρόνια σε ένα όμορφο και μεγάλο πάρτι. Είχαμε πάνω από εκατό καλεσμένους και ένα πολυτελές και αξέχαστο δείπνο που θα θυμόμαστε για πάντα.

We saw no reason to postpone our wedding. We got married two years ago in a beautiful and big party. We had over a hundred guests and a luxurious and unforgettable dinner that we will remember forever.

Αλλά το πιο απίστευτο πράγμα ήταν το νυφικό της Φατμά, πολύ μοντέρνο και κομψό, δημιούργημα ενός πολύ μοντέρνου Γάλλου σχεδιαστή.
But the most incredible thing was Fatma's wedding dress, very modern and elegant, the creation of a very fashionable French designer.

Ζούμε μαζί εδώ και δύο χρόνια και δεν θα μπορούσαμε να είμαστε πιο ευτυχισμένοι. Έχουμε πολύ διαφορετικά γούστα και ενδιαφέροντα, αλλά αγαπιόμαστε τόσο πολύ που δεν έχει σημασία.
We have lived together for two years now and we couldn't be happier. We have very different tastes and interests, but we love each other so much that it doesn't matter.

Στη Φάτμα αρέσει να βγαίνει για χορό και να τραγουδάει καραόκε, αλλά αυτό που

αγαπάει περισσότερο είναι τα ψώνια. Η Φάτμα λατρεύει να είναι μοντέρνα και να ντύνεται καλά.

Fatma likes to go out dancing and singing karaoke, but what she loves most is shopping. Fatma loves to be fashionable and to dress well.

Πηγαίνουμε στο εμπορικό κέντρο κάθε Σαββατοκύριακο και πάντα αγοράζει ένα καινούργιο φόρεμα ή κοσμήματα, ξέρει πολλά για το στυλ και με βοηθάει να διαλέξω τις γραβάτες και τα πουκάμισά μου επειδή δεν καταλαβαίνω πολλά από αυτά τα πράγματα.

We go to the mall every weekend and she always buys a new dress or jewelry, she knows a lot about style and helps me choose my ties and shirts because I don't understand much of those things.

Αντιθέτως, προτιμώ να περνάω το χρόνο μου κάνοντας πεζοπορία στα βουνά ή στην παραλία, άλλοτε με φίλους και άλλοτε μόνη μου.

Instead, I prefer to spend my time hiking in the mountains or on the beach, sometimes with friends, sometimes on my own.

Η Φάτμα εργάζεται ως γραμματέας σε μια σημαντική εταιρεία στο κέντρο της Αθήνας και εγώ είμαι καθηγήτρια βιολογίας σε ένα σχολείο στα περίχωρα της πόλης.
Fatma works as a secretary in an important company in the center of Athens and I am a biology teacher in a school on the outskirts of the city.

Μου αρέσει πολύ η δουλειά μου γιατί είμαι παθιασμένη με την επιστήμη και μου αρέσει πολύ να διδάσκω τους μαθητές μου.
I really like my job because I am passionate about science and I really like teaching my students.

Μερικές φορές δεν μελετούν πολύ, αλλά με λίγη προσπάθεια είναι δυνατόν να τα κάνετε να ενδιαφερθούν για τη μάθηση.
Sometimes they don't study much, but with a little effort it is possible to make them interested in learning.

Την περασμένη Κυριακή η Φάτμα ξύπνησε πολύ άρρωστη, είχε πολύ άσχημο πονοκέφαλο όλη μέρα και δεν μπορούσε να κοιμηθεί τη νύχτα. Ανησύχησα πολύ για την υγεία της και την επόμενη μέρα πήγα μαζί της στο νοσοκομείο.

Last Sunday Fatma woke up very ill, she had a very bad headache all day and could not sleep at night. I was very concerned about her health and the next day I went with her to the hospital.

Το πλησιέστερο νοσοκομείο απέχει μια ώρα με το αυτοκίνητο, οπότε όσο ήμασταν καθ' οδόν ακούσαμε ένα ολόκληρο άλμπουμ του αγαπημένου μας τραγουδιστή, του Καναδού Michael Bublé.

The closest hospital is an hour away by car so while we were on our way we listened to an entire album by our favorite singer, the Canadian Michael Bublé.

Υπήρχαν πολλοί ασθενείς στο νοσοκομείο και έπρεπε να περιμένουμε δύο ώρες για να δει ένας γιατρός τη Φατμά. Αφού εξέτασε τη Φάτμα, ο γιατρός είπε: "Συγχαρητήρια, θα γίνετε γονείς".

There were many patients in the hospital and we had to wait two hours for a doctor to see Fatma. After examining Fatma, the doctor said, "Congratulations, you will be parents."

Δεν μπορούσα να το πιστέψω. Αυτή η είδηση ήταν εντελώς απροσδόκητη, αλλά ήμασταν πολύ χαρούμενοι που λάβαμε αυτά τα καλά νέα.
I couldn't believe it. This news was totally unexpected, but we were very happy to receive this good news.

Στο δρόμο για το σπίτι αναρωτιόμασταν τι όνομα να δώσουμε στο μωρό. Ήταν πολύ δύσκολο να καταλήξουμε σε συμφωνία, αλλά τελικά αποφασίσαμε ότι θα τον ονομάσουμε Βασίλη αν είναι αγόρι και Αλεξάνδρα αν είναι κορίτσι.
We spent the way back home wondering what name to give the baby. It was very difficult to reach an agreement but in the end we decided that we will call him Basil if it's a boy and Alexandra if it's a girl.

Όταν γυρίσαμε σπίτι, φάγαμε βραδινό και αρχίσαμε να σχεδιάζουμε τις αλλαγές που θα κάνουμε στο σπίτι μας για να καλωσορίσουμε το νέο μέλος της οικογένειας.

When we got home we had dinner and began to plan the changes that we will make in our house to welcome the new member of the family.

Το σπίτι μας δεν είναι πολύ μεγάλο, αλλά είναι πολύ όμορφο και βρίσκεται σε μια πολύ καλή γειτονιά. Το σπίτι έχει δύο ορόφους, στον πρώτο όροφο υπάρχει ένα σαλόνι, μια τραπεζαρία και η κουζίνα.

Our house is not very big but it is very pretty and it's in a very good neighborhood. The house has two floors, on the first floor there is a living room, a dining room and the kitchen.

Στον δεύτερο όροφο υπάρχει το μπάνιο και υπάρχουν δύο υπνοδωμάτια, η Φατμά και εγώ κοιμόμαστε στο μεγαλύτερο, το οποίο έχει υπέροχη θέα σε ένα πάρκο με πολλά δέντρα, και στο μικρότερο υπάρχει τώρα ένα γραφείο και ένας υπολογιστής, αλλά όταν γεννηθεί το μωρό αυτό το μικρό δωμάτιο θα είναι το υπνοδωμάτιο.

On the second floor there is the bathroom and there are two bedrooms, Fatma and I sleep in the largest one, which has a great view to a park with lots of trees, and in the smallest there is now a desk and a computer, but when the baby is born this small room will be the bedroom.

Αποφασίσαμε να περιμένουμε να μάθουμε αν το μωρό θα είναι αγόρι ή κορίτσι για να αρχίσουμε να κάνουμε αλλαγές στο δωμάτιο και να αγοράσουμε την κούνια και τα ρούχα του μωρού. Η Φάτμα έχει πολύ παραδοσιακές απόψεις όσον αφορά τα χρώματα και θέλει οπωσδήποτε να βάψει τα πάντα σε ροζ χρώμα αν το μωρό είναι κοριτσάκι.

We decided to wait to know if the baby will be a boy or a girl to start making changes in the room and buy the crib and baby clothes. Fatma has very traditional views when it comes to colors, and she definitely wants to paint everything in pink if the baby is a little girl.

Χθες πήγαμε ξανά στο γιατρό και είχαμε άλλη μια μεγάλη έκπληξη. Θα είναι δίδυμα!
Yesterday we went to the doctor again and we had another big surprise. They will be twins!

Δεν μπορούσαμε να το πιστέψουμε, η οικογένειά μας θα διπλασιαστεί σε λίγους μήνες, ίσως είναι καλή ιδέα να μετακομίσουμε σε ένα μεγαλύτερο σπίτι, με περισσότερο χώρο για να παίζουν τα παιδιά.
We could not believe it, our family is going to double in size in a few months, perhaps it is a good idea to move to a bigger house, with more space for the children to play.

Θα αγοράσουμε επίσης δύο κούνιες και θα διπλασιάσουμε τα ρούχα, τώρα που είναι δύο νέα μέλη της οικογένειας!
We will also buy two cribs and double the clothes, now they are two new members of the family!

Αυτό σίγουρα θα είναι μια πρόκληση για τη νέα μας οικογένεια, αλλά πιστεύω ότι η αγάπη και η αφοσίωση μπορούν να ξεπεράσουν όλες τις δυσκολίες, ακόμη και

τις προκλήσεις της απροσδόκητης άφιξης δύο νέων μωρών.

This definitely will be a challenge four our young family, but I believe that love and commitment can overcome all difficulties, even the challenges of the unexpected arrival of two new babies.

Ματέο ή Οδυσσέας;
Mateo or Odysseus?

Γεια σου Χριστίνα! Πώς είσαι; Είμαι πολύ καλά, όπως ξέρεις, έφτασα στην Αθήνα πριν από έξι μήνες και αγαπώ την πόλη. Δεν θέλω να είμαι πουθενά αλλού αυτή τη στιγμή, μου αρέσει πολύ εδώ.
Hello Christina! How are you? I'm very well, as you know, I arrived in Athens six months ago and I love the city. I don't want to be anywhere else right now, I love it here.

Ξέρετε πόσο μου αρέσει η αρχαία ελληνική αρχιτεκτονική και τέχνη, δεν θα μπορούσα να είμαι σε καλύτερο μέρος, έχω περάσει πολλές ημέρες στην Ακρόπολη. Ο Παρθενώνας είναι τόσο όμορφος.
You know how much I like ancient Greek architecture and art, I couldn't be in a better place, I've spent many days in the Acropolis. The Parthenon is so beautiful.

Όπως μπορείτε να φανταστείτε, πέρασα υπέροχα, ενώ η νέα μου δουλειά είναι ενδιαφέρουσα και ο μισθός είναι καλός, πολύ καλύτερος από την προηγούμενη δουλειά μου. Δεν μπορώ να παραπονεθώ.

As you can imagine, I've had a great time, and also my new job is interesting and the pay is good, much better than in my previous job. I cannot complain.

Η αλήθεια είναι ότι σας γράφω για να σας πω τι μου συνέβη τους τελευταίους μήνες σε σχέση με την ερωτική μου ζωή, ώστε να με βοηθήσετε να πάρω μια απόφαση.

The truth is that I am writing to tell you what has happened to me in recent months in relation to my love life so you can help me make a decision.

Από τότε που ήμασταν στο σχολείο μου έδινες πάντα πολύ καλές συμβουλές, οπότε εμπιστεύομαι πολύ τη γνώμη σου. Θα κάνω ό,τι μου πεις!

Since we were in school you have always given me very good advice so I trust your opinion a lot. I will do what you tell me!

Λοιπόν, θα μπω κατευθείαν στο θέμα. Τυχαίνει τους τελευταίους μήνες να έχω

γνωρίσει δύο πολύ ενδιαφέροντες τύπους. Μου αρέσουν πολύ και οι δύο. Είναι πολύ διαφορετικοί, αλλά τους αγαπώ και τους δύο. Το πρόβλημα είναι ότι δεν ξέρω ποιος μου αρέσει περισσότερο. Τι πρόβλημα!

Well, I'll get right to the point. It so happens that in the last few months I have met two very interesting guys. I really like them both. They are very different, but I love them both. The problem is that I don't know which one I like best. What a problem!

Ο ένας ονομάζεται Ματέο: πολύ όμορφος. Τον γνώρισα σε ένα μπαρ, είναι μουσικός και παίζει κιθάρα σε ένα συγκρότημα, γράφει ποίηση και τραγουδάει. Είναι σπουδαίος καλλιτέχνης, πολύ δημιουργικός και ταλαντούχος. Έχει ταξιδέψει σε όλο τον κόσμο και έχει ζήσει στο Παρίσι και τη Βαρκελώνη, μιλάει άριστα ισπανικά και γαλλικά.

One is called Mateo: very handsome. I met him in a bar, he is a musician, and he plays guitar in a group, writes poetry and sings. He is a great artist, very creative and talented. He has traveled all over the world and has lived in Paris and

Barcelona, he speaks Spanish and French perfectly.

Έχει επίσης μπλε μάτια και μακριά ξανθά μαλλιά, μου θυμίζει πολύ τον Kurt Cobain και ξέρετε πόσο πολύ μου άρεσε. Ο Mateo είναι σίγουρα ένα όνειρο, όλα όσα μου αρέσουν σε έναν άντρα.

He also has blue eyes and long blonde hair, he reminds me a lot of Kurt Cobain and you know how much I liked him. Mateo is definitely a dream, everything I like in a man.

Ο Ματέο είναι φανταστικός, αλλά, δεν ξέρω, μερικές φορές φαίνεται λίγο αδιάφορος και ελάχιστα ενδιαφέρεται για μια σοβαρή σχέση. Για παράδειγμα, δεν μου τηλεφωνεί ποτέ, ενώ εγώ του τηλεφωνώ πάντα.

Mateo is fantastic but, I don't know, sometimes he seems a bit indifferent and little interested in having a serious relationship. For example, he never calls me, I always call.

Επίσης, ταξιδεύει συνέχεια με το συγκρότημά του, οπότε δεν έχει πολύ χρόνο να περάσει μαζί μου...
He's also traveling all the time with his band so he doesn't have much time to spend with me...

Αλλά τους τελευταίους μήνες έχουμε κάνει πολλά πράγματα μαζί: έχουμε πάει στο θέατρο, στον κινηματογράφο, σε συναυλίες, σε χορό. Ο Ματέο ξέρει να χορεύει τανγκό και ξέρετε πόσο μου αρέσει να χορεύω!
But in recent months we have done a lot of things together: we have gone to the theater, to the cinema, to concerts, to dance. Mateo knows how to dance tango and you know how much I like to dance!

Καθώς ο Ματέο είναι τόσο δημιουργικός, συνέθεσε ένα τραγούδι για μένα, το παίξαμε μαζί, εγώ στο πιάνο και αυτός στην κιθάρα, και ακούγεται πολύ καλά. Κανείς δεν είχε συνθέσει ποτέ τραγούδι για μένα, ο Ματέο είναι τόσο ρομαντικός και παθιασμένος, με κάνει να αισθάνομαι πολύ ξεχωριστή.

As Mateo is so creative, he has composed a song for me, we have played it together, me on piano and he on guitar, and it sounds very good. No one had ever composed a song for me, Mateo is so romantic and passionate, he makes me feel very special.

Λοιπόν, τώρα για τον άλλο μου φίλο: Οδυσσέα. Ο Οδυσσέας είναι τελείως διαφορετικός από τον Ματέο. Στην πραγματικότητα, ο Οδυσσέας και εγώ μοιάζουμε κατά κάποιο τρόπο, επειδή είναι επίσης μηχανικός (έχει σπουδάσει στην Αγγλία όπως εγώ για δύο χρόνια) και είναι πολύ συγκεντρωμένος στη δουλειά του. Είναι επίσης αρκετά φιλόδοξος, όπως κι εγώ.

Well, now about my other friend: Odysseus. Odysseus is totally different from Mateo. Actually, Odysseus and I are alike in some ways, because he is also an engineer (he has studied in England like me for two years) and he is very focused on his work. He is also quite ambitious, like me.

Σωματικά, ο Οδυσσέας δεν είναι τόσο ελκυστικός όσο ο Ματέο. Παρά το γεγονός

ότι είναι μόλις τριάντα ετών, είναι ήδη λίγο φαλακρός και όχι πολύ αθλητικός. Έχει όμως ένα όμορφο χαμόγελο και μια εξαιρετική αίσθηση του χιούμορ, όταν είμαι μαζί του γελάω πάντα.

Physically, Odysseus is not as attractive as Mateo. Despite being only thirty years old, he is already a bit bald and not very athletic. But he has a beautiful smile and an extraordinary sense of humor, when I'm with him I'm always laughing.

Η αλήθεια είναι ότι πέρασα υπέροχα μαζί του. Ο Οδυσσέας λατρεύει να πηγαίνει σε εστιατόρια και να τρώει καλά, σχεδόν κάθε Σαββατοκύριακο πηγαίνουμε σε ένα νέο εστιατόριο.

The truth is that I had a great time with him. Odysseus loves to go to restaurants and eat well, almost every weekend we go to a new restaurant.

Έχουμε φάει τα πάντα, από κινέζικο μέχρι γαλλικό φαγητό. Επιπλέον, με έχει καλέσει να φάω στο σπίτι του και έχω γνωρίσει όλη την οικογένειά του, που είναι όλοι πολύ καλοί!

We have eaten everything from Chinese to French food. In addition, he has invited me to eat at his house and I have met his whole family, they are all very nice!

Ο Οδυσσέας είναι γλυκός, μου τηλεφωνεί κάθε μέρα. Πριν λίγες μέρες μου είπε ότι είναι πολύ ερωτευμένος μαζί μου. Ξέρω τι σκέφτεσαι, ο Ματέο δεν έχει πει τίποτα για το ότι είναι ερωτευμένος- Και έχει φύγει επίσης επειδή έχει μια δίμηνη περιοδεία στην Ευρώπη.

Odysseus is a sweetheart, he calls me every day. A few days ago he told me that he is very much in love with me. I know what you're thinking, Mateo hasn't said anything about being in love; And he has also left because he has a two-month tour in Europe.

Νομίζω ότι ξέρω ήδη τη συμβουλή που θα μου δώσεις, ξέχνα τον Ματέο και άρχισε μια σοβαρή σχέση με τον Οδυσσέα. Αλλά είναι πολύ περίπλοκο, μου αρέσει πολύ ο Ματέο.

I think I already know the advice you will give me, forget Mateo and start a serious relationship with Odysseus. But it's very complicated, I really like Mateo a lot.

Ξέρω ότι δεν θα μπορούσα να έχω μια σταθερή σχέση μαζί του, επειδή ταξιδεύει συνέχεια και δεν φαίνεται να ενδιαφέρεται ιδιαίτερα για μένα, αλλά τις λίγες στιγμές που μπορώ να μοιραστώ μαζί του νιώθω σαν σε όνειρο. Θα μπορούσε να είναι ότι είμαι ερωτευμένη μαζί του;
I know that I could not have a stable relationship with him, because he always travels and does not seem to be very interested in me, but the few moments that I can share with him I feel like in a dream. Could it be that I am in love with him?

Όταν ο Οδυσσέας μου είπε ότι με αγαπάει, δεν του απάντησα. Δεν θα ήταν ειλικρινές να του πω ότι και εγώ τον αγαπώ. Νομίζω ότι ίσως είναι απαραίτητο για μένα να περάσω λίγο χρόνο μόνος μου σκεπτόμενος ποια είναι τα συναισθήματά μου και τι πραγματικά θέλω να κάνω.
When Odysseus told me that he loved me, I didn't answer him. It would not be honest to tell him that I love him too. I think it may be necessary for

me to spend some time alone reflecting on what my feelings are and what I really want to do.

Λοιπόν, θα περιμένω την απάντησή σου για να με συμβουλέψεις τι να κάνω Χριστίνα, είσαι η καλύτερή μου φίλη και εμπιστεύομαι τη σοφία και την καλή σου κρίση.
Well, I'll wait for your answer so that you advise me what to do Christina, you are my best friend and I trust your wisdom and good judgment.

Έχω γράψει τόσα πολλά για τον εαυτό μου! Μην ξεχάσεις να μου πεις πώς πάνε οι σπουδές σου στην Αυστραλία και πώς εξελίσσεται η ερωτική σου ζωή, την τελευταία φορά μου είπες ότι ένας συμμαθητής σου σε είχε καλέσει να βγείτε μερικές φορές στο σινεμά.
I have written so much about myself! Don't forget to tell me how your studies are going in Australia and how your love life is going, the last time you told me that one of your classmates had invited you to go out a couple of times to the movies.

Πώς κατέληξε αυτό; Βγαίνετε ακόμα; Πες μου τα πάντα, ξέρεις πόσο μου αρέσει να γνωρίζω τις ερωτικές ιστορίες των φίλων μου.

How did that turn out? Are you still dating? Tell me everything, you know how much I like to know the love stories of my friends.

με φιλικούσ χαιρετισμούσ,
with friendly greetings,

Kylie

Συνέντευξη του Δημήτρη Καραμάνου
Dimitris Karamanos Interview

Ο Δημήτρης Καραμάνος είναι ένας σημαντικός Έλληνας ηθοποιός, ο οποίος έχει επίσης εργαστεί με μεγάλη επιτυχία στη Γαλλία, στις Ηνωμένες Πολιτείες και σε άλλα μέρη του κόσμου.

Dimitris Karamanos is an important Greek actor, he has also worked with great success in France, the United States and other parts of the world.

Σήμερα διαμένει στο Λος Άντζελες με την όμορφη σύζυγό του Άννα. Σε αυτή τη συνέντευξη θα μάθουμε λίγα περισσότερα για αυτόν τον επιτυχημένο ηθοποιό, την προσωπική του ζωή και τα όνειρά του για το μέλλον.

He currently resides in Los Angeles with his beautiful wife Anna. In this interview we will learn a little more about this successful actor, his personal life and his dreams for the future.

Πώς είναι μια τυπική μέρα για τον Δημήτρη Καραμάνο;
What is a typical day for Dimitris Karamanos like?

Αν δεν εργάζομαι σε μια ταινία, η ζωή μου είναι απολύτως φυσιολογική. Σηκώνομαι νωρίς και παίρνω πρωινό. Στη συνέχεια, συνήθως διαβάζω εφημερίδα. Μερικές φορές με τη σύζυγό μου πάμε μια βόλτα και αν έχει ήλιο κολυμπάμε λίγο στην παραλία, είναι το καλό με το να ζεις στο Λος Άντζελες.
If I'm not working on a movie, my life is completely normal. I get up early and have breakfast. Then I usually read the newspaper. Sometimes with my wife we go for a walk and if it's sunny we swim a bit on the beach, it's the good thing about living in Los Angeles.

Μου αρέσει πολύ να μαγειρεύω, οπότε συνήθως περνάω πολύ χρόνο στην κουζίνα, αλλά σιχαίνομαι να πλένω τα πιάτα. Η γυναίκα μου και εγώ τρώμε πάντα μαζί μεσημεριανό γεύμα και μετά παίρνουμε έναν υπνάκο.

I really like to cook, so I usually spend a lot of time in the kitchen, but I hate doing the dishes. My wife and I always have lunch together, then take a nap.

Αργότερα το βράδυ βγαίνουμε συνήθως στον κινηματογράφο ή πάμε για φαγητό σε κάποιο εστιατόριο. Κατά καιρούς καλούμε τους φίλους μας για δείπνο.
Later in the evening we usually go out to the movies or go to eat at a restaurant. From time to time we invite our friends to dinner.

Σε τι εργάζεστε αυτή τη στιγμή;
What are you currently working on?

Τώρα ετοιμάζομαι να παίξω σε μια ταινία επιστημονικής φαντασίας για ένα ταξίδι στον Άρη. Ο χαρακτήρας μου είναι πολύ ενδιαφέρων, αλλά προτιμώ να το κρατήσω μυστικό. Επίσης, εργάζομαι σε μια σαπουνόπερα, παίζοντας τον πρωταγωνιστικό ρόλο.
Now I am preparing to act in a science fiction movie about a trip to Mars. My character is very

interesting, but I prefer to keep it a secret. Also, I'm working on a soap opera, playing the lead.

Θα προτιμούσατε να εργαστείτε στην τηλεόραση ή στον κινηματογράφο;
Would you rather work on television or in the cinema?

Και τα δύο έχουν τη γοητεία τους, αλλά προσωπικά προτιμώ τον κινηματογράφο, επειδή τα θέματα είναι πιο σύνθετα και προκλητικά. Όταν ήμουν μικρός ήθελα να γίνω ηθοποιός στην τηλεόραση, αλλά τα τελευταία χρόνια ανακάλυψα ότι ο κινηματογράφος είναι το πάθος μου.

Both have their appeal, but personally I prefer the cinema, because the issues are more complex and challenging. When I was little I wanted to be a television actor, but in recent years I have discovered that cinema is my passion.

Ποιο είναι το πιο επικίνδυνο πράγμα που έχετε κάνει στη δουλειά σας ως ηθοποιός;
What is the most dangerous thing that you have done in your work as an actor?

Έχω κάνει πολλά επικίνδυνα πράγματα! Μια φορά στην Αφρική έπρεπε να παίξω μαζί με ένα λιοντάρι. Στην αρχή φοβήθηκα πολύ, αλλά σιγά σιγά το συνήθισα και μετά δεν φοβόμουν πια.

I've done a lot of dangerous things! Once in Africa I had to act together with a lion. At first I was very scared, but little by little I got used to it and then I was no longer scared.

Έχω επίσης παίξει υποβρύχια σε κάποιες σκηνές και έχω βρεθεί σε πυρκαγιά. Αλλά χωρίς αμφιβολία το πιο δύσκολο κομμάτι της δουλειάς ενός ηθοποιού είναι να περνάει πολλές ώρες δουλεύοντας. Έχω δουλέψει για 20 ώρες χωρίς να σταματήσω!

I have also acted underwater in some scenes and I've been in a fire. But without a doubt the most challenging part of an actor's job is spending many hours working. I have been working for 20 hours without stopping!

Τι σχέδια έχετε για τις επόμενες διακοπές σας;
What plans do you have for the next vacation?

Με τη σύζυγό μου θα ταξιδέψουμε στην Ευρώπη για ένα μήνα. Θα πάμε σε πολλές χώρες, Γαλλία, Ιταλία, Ελβετία και πολλές άλλες. Έχουμε ήδη κλείσει ξενοδοχεία και κάποιες πτήσεις, μας αρέσει να προγραμματίζουμε εκ των προτέρων κάθε τι που θα κάνουμε.

With my wife we are going to travel to Europe for a month. We will go to many countries, France, Italy, Switzerland and many others. We have already booked hotels and some flights, we like to plan in advance each thing we will do.

Είμαστε πολύ ενθουσιασμένοι για αυτό το ταξίδι, είναι η πρώτη φορά που ταξιδεύουμε στην Ευρώπη μαζί, οπότε είναι κάτι το ιδιαίτερο.

We are very excited about this trip, it is the first time we are travelling in Europe together so it is something special.

Υπάρχει κάτι στην καριέρα σας που δεν έχετε κάνει ακόμα και θα θέλατε να κάνετε;
Is there anything in your career that you haven't done yet that you would like to do?

Θα ήθελα να παίξω στο θέατρο, αφού σε όλη μου την καριέρα έχω παίξει μπροστά στην κάμερα, αλλά ποτέ για ζωντανό κοινό.
I would like to act in the theater, since all my career I have performed in front of a camera, but never for a live audience.

Ξέρω, είναι παράξενο ένας ηθοποιός να μην έχει παίξει ποτέ σε θέατρο, αλλά έτσι εξελίχθηκαν τα πράγματα για μένα, ξεκίνησα από την τηλεόραση και αμέσως μετά άρχισα να παίζω σε ταινίες, οπότε δεν είχα ποτέ την ευκαιρία να παίξω στη σκηνή.
I know, it's strange that an actor has never performed in a theater, but that's how things have turned out for me, I started in television and then immediately started acting in movies, so I never had the opportunity to perform on stage.

Υπάρχει κάτι ξεχωριστό όταν υπάρχει ζωντανό κοινό και νομίζω ότι είναι απαραίτητο για την επαγγελματική και προσωπική μου ανάπτυξη.

There is something special when there is a live audience and I think it is necessary for my professional and personal development.

Γνωρίζουμε ήδη ότι προτιμάτε να μη μιλάτε με λεπτομέρειες για την προσωπική σας ζωή, αλλά πώς είναι η σχέση που έχετε με τη σύζυγό σας;
We already know that you prefer not to talk in detail about your personal life, but what is the relationship you have with your wife like?

Λοιπόν, όπως είπατε, μου αρέσει να κρατάω την προσωπική μου ζωή πραγματικά ιδιωτική. Δεν είμαι σαν εκείνους τους ηθοποιούς που επωφελούνται από την αποκάλυψη των προσωπικών τους σχέσεων.
Well, like you said I like to keep my private life really private. I am not like those actors who benefit from exposing their intimacies.

Αρκεί να πω ότι έχουμε μια εξαιρετική σχέση με την Anne, με σκαμπανεβάσματα όπως όλα τα ζευγάρια, αλλά μας ενώνει

μεγάλη αγάπη και δέσμευση σε ένα κοινό σχέδιο ζωής.

Suffice it to say that we have an excellent relationship with Anne, with ups and downs like all couples, but we are united by great love and commitment to a common life project.

Η απόκτηση παιδιών είναι μέρος αυτού του σχεδίου;
Is having children part of that project?

Φυσικά, είναι κάτι που έχουμε συζητήσει με τη Λουκία, αλλά αυτή τη στιγμή με το πόσο απασχολημένοι είμαστε δεν φαίνεται καλή ιδέα.
Of course, it is something that we have discussed with Lucia, but at the moment with how busy we are it does not seem like a good idea.

Πιστεύω ότι το να έχεις παιδιά είναι μια τεράστια ευθύνη και εύχομαι να μπορούσα να περνάω περισσότερο χρόνο για την ανατροφή των παιδιών μου από ό,τι μπορώ τώρα. Η δουλειά ενός ηθοποιού μπορεί να είναι πολύ απαιτητική.

I believe that having children is a huge responsibility and I wish I could spend more time raising my children than I could right now. The work of an actor can be very demanding.

Επιστρέφοντας στην επαγγελματική σας ζωή, ποια συμβουλή θα δίνατε σε έναν ηθοποιό που ξεκινά την καριέρα του;
Going back to your professional life, what advice would you give to an actor who is starting his career?

Πρώτα είναι σημαντικό να μορφωθείτε, να παρακολουθήσετε μαθήματα υποκριτικής και χορού. Διαβάστε επίσης βιβλία ιστορίας του θεάτρου και πολλά σενάρια.
First it is important to educate yourself, take acting and dance classes. Also read theater history books and many scripts.

Δεύτερον, πρέπει να πάτε σε όσο το δυνατόν περισσότερες οντισιόν, ανεξάρτητα από το πόσο μικρός ή παράξενος είναι ο ρόλος.

Second, you need to go to as many auditions as possible, no matter how small or strange the role is.

Και τέλος, όποιος θέλει να σταδιοδρομήσει ως ηθοποιός ή ηθοποιός πρέπει να μάθει να αντιμετωπίζει τη συνεχή απόρριψη.
And finally, anyone who wants a career as an actor or actress has to learn to deal with constant rejection.

Το να είσαι ηθοποιός μπορεί να είναι μια πολύ δύσκολη ζωή, καθώς υπάρχει μεγάλος ανταγωνισμός και οι καλοί ρόλοι δεν είναι πολλοί, οπότε ένας αρχάριος ηθοποιός πρέπει να έχει τη δύναμη να μην θεωρεί ένα "όχι" ως αποτυχία ή προσωπική απόρριψη, αλλά ως εμπειρία μάθησης.
Being an actor can be a very hard life, as there is a lot of competition and the good roles are not many so a beginning actor has to have the strength not to consider a "no" as a failure or a personal rejection, but as a learning experience.

Το πάρτι γενεθλίων της καλύτερής μου φίλης
My best friend's birthday party

Με λένε Πηνελόπη, είμαι δεκαπέντε ετών και ζω στην Πάτρα, μια πόλη στην Ελλάδα. Μένω με τον πατέρα μου, τη μητέρα μου και τον μικρό μου αδελφό που είναι δέκα ετών.
My name is Penelope, I am fifteen years old and I live in Patras, a city in Greece. I live with my father, my mother and my ten year old little brother.

Έχουμε επίσης έναν μικρό σκύλο που ονομάζεται Zeus και δύο κίτρινα καναρίνια σε κλουβί. Λατρεύω να τα ακούω να τραγουδούν το πρωί!
We also have a small dog named Zeus and two yellow canaries in a cage. I love hearing them sing in the morning!

Πριν από μερικούς μήνες είχα τα γενέθλιά μου, έκανα ένα καταπληκτικό πάρτι και οι φίλοι μου μου έκαναν πολύ ωραία δώρα. Έγινα δεκαέξι ετών. Ωστόσο, δεν θέλω να σας μιλήσω για το δικό μου πάρτι, αλλά για το πάρτι γενεθλίων της καλύτερης μου φίλης Δάφνης που έγινε το περασμένο Σαββατοκύριακο.

A few months ago it was my birthday, I had an amazing party and my friends gave me very nice gifts. I turned sixteen. However I don't want to tell you about my party, but my best friend Daphne's birthday party which was last weekend.

Η Δάφνη και εγώ είμαστε συμμαθήτριες και είμαστε πάντα μαζί στο σχολείο, τα πάμε πολύ καλά. Είναι πολύ δύσκολο να βρεις έναν φίλο με τον οποίο μπορείς να μοιραστείς όλα σου τα μυστικά. Η Δάφνη είναι μακράν η καλύτερή μου φίλη.

Daphne and I are classmates and we are always together at school, we get along very well. It is very hard to find a friend with whom you can share all your secrets. Daphne is by far my best friend.

Φυσικά, ήθελα να δείχνω υπέροχη για το πάρτι της φίλης μου, γι' αυτό και την προηγούμενη των γενεθλίων της είχα πάει στο εμπορικό κέντρο για να αγοράσω ένα καινούργιο φόρεμα που θα φορούσα για την ειδική αυτή περίσταση.

Of course, I wanted to look great for my friend's party, so the day before her birthday I had gone to the mall to buy a new dress to wear for this special occasion.

Εκείνη την ημέρα σηκώθηκα πολύ νωρίς για να πάω να ψωνίσω ένα φόρεμα και αξεσουάρ. Με συνόδευε η μητέρα μου, που πάντα πηγαίνει μαζί μου για ψώνια. Υπήρχαν τόσα πολλά όμορφα φορέματα όλων των χρωμάτων, που ήταν πολύ δύσκολο να διαλέξω ένα.

That day I got up very early to go shopping for a dress and accessories. I was accompanied by my mother, she always goes shopping with me. There were so many beautiful dresses of all colors, it was very difficult to choose one.

Τελικά, αφού πέρασα ώρες στο δοκιμαστήριο, η επιλογή μου ήταν ένα κόκκινο φόρεμα. Το κόκκινο είναι το αγαπημένο μου χρώμα και το σχέδιο του φορέματος ήταν πολύ μοντέρνο και κομψό. Ωστόσο, υπήρχε ένα μικρό πρόβλημα: το φόρεμα ήταν πολύ, πολύ στενό.

Finally, after spending hours in the fitting room, my choice was a red dress. Red is my favorite color and the design of the dress was very modern and elegant. However, there was a little problem: the dress was very, very tight.

Η μαμά μου με συμβούλεψε να διαλέξω ένα λίγο πιο άνετο φόρεμα ώστε να μπορώ να κινηθώ πιο ελεύθερα και να απολαύσω περισσότερο το πάρτι, αλλά σκέφτηκα ότι αυτή ήταν μια ειδική περίσταση και άξιζε να είμαι λίγο άβολα για να δείχνω τόσο ωραία.

My mom advised me to choose a slightly more comfortable dress so that I could move more freely and enjoy the party more, but I thought this was a special occasion and it was worth being a bit uncomfortable to look this good.

Αργότερα, πήγα στο κατάστημα παπουτσιών και αγόρασα κόκκινες γόβες που ταίριαζαν απόλυτα με το φόρεμά μου. Τέλος, πήγα στο κοσμηματοπωλείο και αγόρασα ένα ζευγάρι σκουλαρίκια και ένα ασημένιο κολιέ. Ήταν όλα πολύ όμορφα!

Later, I went to the shoe store and bought red heels that went perfectly with my dress. Finally I went to the jewelry store and bought a pair of earrings and a silver necklace. It was all very beautiful!

Την επόμενη μέρα, λίγο πριν το πάρτι της Δάφνης μου, πήγα στο ινστιτούτο αισθητικής. Εκεί μου έφτιαξαν το μακιγιάζ, έβαψαν τα νύχια μου και χτένισαν τα μαλλιά μου. Όταν τελείωσα, κοίταξα τον εαυτό μου στον καθρέφτη και νομίζω ότι δεν είχα ξαναδεί τόσο όμορφη.

The next day, just before my Daphne's party, I went to the beauty salon. There they did my make up, painted my nails and combed my hair. When I finished I looked at myself in the mirror and I think I had never looked so beautiful before.

Όταν η Δάφνη έκανε την είσοδό της στο πάρτι, όλοι εντυπωσιάστηκαν από το πόσο όμορφη ήταν. Φορούσε ένα ροζ δαντελένιο φόρεμα και έμοιαζε με πραγματική πριγκίπισσα.

When Daphne made her entrance to the party, everyone was impressed by how pretty she looked. She was wearing a pink lace dress, she looked like a real princess.

Όλα πήγαν τέλεια και αρχίσαμε να τρώμε βραδινό. Το φαγητό ήταν πεντανόστιμο! Υπήρχε ψητός σολομός και γεμιστός αστακός. Λατρεύω τα ψάρια και τα οστρακοειδή, οπότε έφαγα πολύ. Μετά το δείπνο ήρθε η ώρα να χορέψουμε.
Everything went perfect and we started to have dinner. The food was delicious! There was grilled salmon and stuffed lobster. I love fish and shellfish, so I ate a lot. After dinner it was time to dance.

Ένιωθα πολύ καλά μέσα στο κόκκινο φόρεμά μου, αλλά επειδή είχα φάει τόσο πολύ και το φόρεμα ήταν πολύ στενό, τώρα ένιωθα πολύ άβολα.
I felt very good in my red dress, but since I had eaten so much and the dress was very tight, now I felt very uncomfortable.

Με δυσκολία ανέπνεα, αλλά αυτό δεν με ένοιαζε γιατί ο Ντάριους, το πιο όμορφο αγόρι στο σχολείο, με είχε καλέσει να χορέψουμε. Ο Ντάριους είναι πολύ ψηλός, έξυπνος και πολύ καλός τενίστας. Είναι το τέλειο αγόρι!

I could hardly breathe, but that didn't matter to me because Darius, the most handsome boy in school, had invited me to dance. Darius is very tall, intelligent and a very good tennis player. He is the perfect boy!

Η αλήθεια είναι ότι μετά βίας μπορούσα να κουνηθώ, αλλά ήμουν τόσο ενθουσιασμένη που θα χόρευα με το αγόρι που μου άρεσε που έκανα ό,τι μπορούσα για να δείχνω όμορφη.

The truth is, I could barely move, but I was so excited to dance with the boy I liked that I did my best to look good.

Ήταν φρικτό γιατί ο Δαρείος ήθελε να χορέψει και εγώ έμοιαζα με μούμια παρά τις προσπάθειές μου να χορέψω κανονικά.

It was horrible because Darius wanted to dance and I looked like a mummy despite my efforts to dance normally.

Τότε συνέβη το χειρότερο πράγμα που θα μπορούσε να συμβεί: το φερμουάρ του φορέματός μου έσπασε. Μια σκηνή τρόμου!
Then the worst thing that could have happened happened: the zipper of my dress broke. A horror scene!

Έπρεπε να σταματήσω να χορεύω και πήγα να καθίσω πολύ αμήχανα. Στη συνέχεια, αποχαιρέτησα γρήγορα τον Darius και τη Δάφνη και έφυγα από το πάρτι με ένα ταξί.
I had to stop dancing and went to sit very embarrassed. Then I quickly said goodbye to Darius and Daphne and left the party in a taxi.

Έφυγα πολύ αμήχανα με το σκισμένο κόκκινο φόρεμά μου. Το πάρτι της Δάφνης κατέληξε να είναι μια φρικτή εμπειρία για μένα, όταν γύρισα σπίτι έκλεισα την πόρτα του δωματίου μου και έκλαψα πολύ.
I left very embarrassed with my torn red dress. Daphne's party ended up being a horrible

experience for me, when I got home I closed my bedroom door and cried a lot.

Την επόμενη μέρα αισθάνθηκα επίσης πολύ άσχημα, αλλά μετά μίλησα για το τι μου είχε συμβεί με τη μητέρα μου και αισθάνθηκα λίγο καλύτερα.
The next day I also felt very bad, but then I talked about what had happened to me with my mother and I felt a little better.

Αυτό συνέβη το περασμένο Σαββατοκύριακο, και από τότε βρίσκομαι στο σπίτι ελπίζοντας ότι όλοι έχουν ξεχάσει τι συνέβη. Είναι τόσο ενοχλητικό! Ήταν η χειρότερη μέρα της ζωής μου.
This happened last weekend, since then I have been at home hoping that everyone has forgotten what happened. It's so embarrasing! It was the worst day of my life.

Αλλά τουλάχιστον όλα αυτά με βοήθησαν να μάθω δύο πράγματα: πρώτον, να ακούω τη συμβουλή της μητέρας μου και δεύτερον, να μην αγοράσω ποτέ ξανά ένα

φόρεμα που είναι πολύ στενό, όσο όμορφο κι αν είναι.

But at least all of this has helped me learn two things: first, listen to my mother's advice, and second, never buy a dress that is too tight again, no matter how beautiful.

Αναμνήσεις της γιαγιάς μου
Memories of my grandmother

Η γιαγιά μου με δίδαξε πολλά πράγματα: πώς να μαγειρεύω, να διαβάζω και να γράφω. Αλλά το πιο σημαντικό πράγμα που έμαθα από εκείνη και που καθόρισε την υπόλοιπη ζωή μου είναι πώς να ζωγραφίζω και να ζωγραφίζω, εξαιτίας της έγινα καλλιτέχνης.

My grandmother taught me many things: how to cook, read and write. But the most important thing that I learned from her and that defined the rest of my life is how to draw and paint, it is because of her that I became an artist.

Η γιαγιά μου λεγόταν Αριάνα όπως και εγώ και πέθανε πριν από δύο χρόνια, αλλά τη θυμάμαι κάθε μέρα με κάθε πινελιά.

My grandmother was called Ariana like me and she passed away two years ago, but I remember her every day with every brushstroke.

Ζωγράφιζε πάντα κάποια ελαιογραφία και ως παιδί περνούσα ώρες παρακολουθώντας

τον λευκό καμβά να μεταμορφώνεται σταδιακά σε μια καθαρή και αναγνωρίσιμη εικόνα, ενώ στο βάθος έπαιζε η αγαπημένη μουσική της γιαγιάς μου: Μότσαρτ.

She was always painting some oil painting and as a child I spent hours watching the white canvas gradually transform into a clear and recognizable image while in the background my grandmother's favorite music played: Mozart.

Όλη μου η οικογένεια είναι Αμερικανική, αλλά η γιαγιά μου Αριάνα ήταν από την Ελλάδα. Πώς ήρθε αυτή η Ελληνίδα στις Ηνωμένες Πολιτείες;

My whole family is American, but my grandmother Ariana was from Greece. How did this Greek girl come to the United States?

Για να το καταλάβετε, πρέπει να πάτε στο παρελθόν, στον εικοστό αιώνα, όταν πολλοί Έλληνες αντιμετώπιζαν τρομερές οικονομικές δυσκολίες, οπότε πολλοί από αυτούς μετανάστευσαν προς την Αμερική και άλλα μέρη του κόσμου.

To understand it, you have to go to the past, to the twentieth century, when many Greeks were facing terrible economic hardship, so many of them emigrated towards America and other parts of the world.

Μεγάλος αριθμός ανδρών, γυναικών και παιδιών αναγκάστηκε να μεταναστεύσει σε άλλες χώρες σε αναζήτηση ευκαιριών και μιας καλύτερης ζωής. Η Νέα Υόρκη ήταν μία από τις πόλεις που δέχτηκαν μεγάλο αριθμό Ελλήνων.

Large numbers of men, women and children were forced to migrate to other lands in search of opportunities and a better life. New York was one of the cities that received a large number of Greek people.

Όταν η γιαγιά μου έφτασε στην Αμερική, ήταν οκτώ ετών. Συνοδευόμενη από τον πατέρα και τη μητέρα της, είχε φτάσει μετά από ένα μακρύ ταξίδι τριάντα ημερών με ατμόπλοιο.

When my grandmother arrived in America, she was eight years old. Accompanied by her father and mother, she had arrived after a long thirty-day journey by steamboat.

Η γιαγιά μου μου είπε ότι αφού πέρασε τόσο καιρό ζώντας σε ένα πλοίο στη μέση της θάλασσας, ήταν πολύ συναρπαστικό να φτάσει επιτέλους στη Νέα Υόρκη και να πατήσει στη στεριά.

My grandmother told me that after spending so much time living on a ship in the middle of the sea it was very exciting to finally arrive in New York and step on land.

Στην αρχή, όπως μου είπε, ήταν λίγο δύσκολο να συνηθίσει τη νέα της χώρα, η γλώσσα που μιλούσαν οι άνθρωποι ήταν διαφορετική και κάποια πράγματα σχετικά με την κουλτούρα της χώρας της φαίνονταν παράξενα, αλλά σιγά-σιγά συνήθισε τη νέα της χώρα και, όταν έγινε έφηβη, δεν αισθανόταν πια σαν ξένη κοπέλα και μιλούσε τέλεια αγγλικά.

At first, as she told me, it had been a bit difficult to get used to her new country, the language people spoke was different and some things about the country's culture seemed strange to her, but little by little she got used to her new country and, when she became a teenager, she did not feel like a foreign girl anymore and she spoke perfect English.

Η γιαγιά μου παντρεύτηκε πολύ νέα, στα δεκαεπτά της. Όλα ξεκίνησαν όταν η οικογένεια μετακόμισε σε μια νέα γειτονιά στη Νέα Υόρκη, ο παππούς μου ήταν ένας γείτονας που ερωτεύτηκε τη γιαγιά μου μόλις την είδε, έτσι συνήθιζε να της γράφει ερωτικά γράμματα που άφηνε κάτω από την πόρτα.

My grandmother married very young, at seventeen. It all started when the family moved to a new neighborhood in New York, my grandfather was a neighbor who fell in love with my grandmother as soon as he saw her, so he used to write her love letters that he left under the door.

Έπρεπε να κρύψει τα γράμματα για να μην τα βρουν οι αυστηροί γονείς της.
She had to hide the letters so that her strict parents wouldn't find them.

Παρά τις προσπάθειες της γιαγιάς μου, μια μέρα ο πατέρας της είδε ένα από τα

γράμματα. Πήρε το γράμμα, το άνοιξε και το διάβασε. Ήταν έξαλλος! Ο γείτονας αποπλανούσε την κόρη του! Εκείνη την εποχή οι γονείς ήταν πολύ υπερπροστατευτικοί με τις κόρες τους.

Despite my grandmother's efforts, one day her father saw one of the letters. He picked up the letter, opened it and read it. He was furious! The neighbor was seducing his daughter! In those days parents were very overprotective with their daughters.

Μόλις ανακαλύφθηκε το ειδύλλιο, οι γονείς της γιαγιάς μου έδωσαν στο νεαρό ζευγάρι δύο επιλογές: να σταματήσουν την ανταλλαγή ερωτικών επιστολών ή να παντρευτούν.

Once the romance was discovered, my grandmother's parents gave the young couple two options: stop this love letter exchange or get married.

Επέλεξαν αυτή τη δεύτερη επιλογή. Πρέπει να τους ευχαριστήσω γιατί διαφορετικά δεν θα είχα γεννηθεί ποτέ.

They chose this second option. I must thank them because otherwise I would never have been born.

Οι παππούδες μου δεν μετάνιωσαν ποτέ για την απόφασή τους και έζησαν ευτυχισμένοι για δεκαετίες, μέχρι που πέθαναν και οι δύο την ίδια χρονιά, με διαφορά λίγων μόνο μηνών.
My grandparents never regretted their decision and lived happily for decades until they both died the same year, only separated by a few months.

Λίγο μετά τη γέννηση του πρώτου της παιδιού η γιαγιά μου Αριάνα άρχισε να ζωγραφίζει και να ζωγραφίζει. Είχε πέντε παιδιά, εκείνη την εποχή ήταν φυσιολογικό να έχεις πέντε ή και περισσότερα παιδιά.
It was shortly after the birth of her first child that my grandmother Ariana began to draw and paint. He had five children, in those times it was normal to have five or more children.

Το δεύτερο από αυτά τα παιδιά ήταν η μητέρα μου. Αφού έκανε τις δουλειές του σπιτιού, η γιαγιά μου περνούσε μερικές

ώρες το απόγευμα αφιερωμένες στα καλλιτεχνικά της ενδιαφέροντα.
The second of those children was my mother. After doing housework, my grandmother spent a few hours in the afternoon dedicated to her artistic interests.

Το να είναι μητέρα, νοικοκυρά και καλλιτέχνης δεν ήταν εύκολο και μόνο όταν έφυγαν τα παιδιά της άρχισε να αφιερώνει περισσότερο χρόνο στη ζωγραφική.
Being a mother, a housewife and an artist was not easy and it was only when her children left that she began to spend more time on painting.

Το σπίτι όπου ζούσαν οι παππούδες μου δεν ήταν πολύ μεγάλο, αλλά η γιαγιά μου κατάφερε να κάνει χώρο για τη δημιουργικότητά της.
The house where my grandparents lived was not very big, but my grandmother managed to make room for her creativity.

Όταν τα παιδιά της έφυγαν από το σπίτι, το υπνοδωμάτιο των παιδιών έγινε το ατελιέ της γιαγιάς μου. Ήταν ένα πολύ φωτεινό και πολύχρωμο δωμάτιο, γεμάτο ζωή και υπήρχε πάντα μουσική στον αέρα.

When her children left home, the children's bedroom became my grandmother's atelier. It was a very bright and colorful room, full of life and there was always music in the air.

Ήταν γεμάτο από πίνακες της γιαγιάς μου και τα λάδια που ζωγράφιζε. Είχε επίσης κάρβουνο, παστέλ και ακουαρέλες, αλλά τα χρησιμοποιούσε λίγο λιγότερο.

It was full of paintings from my grandmother, and the oils she used to paint. She also had charcoal, pastels, and watercolors but she used them a little less.

Δεν ξέρω πότε άρχισε να ζωγραφίζει ή πώς το έμαθε, σύμφωνα με τα λεγόμενά της δεν είχε ποτέ δάσκαλο ή καλλιτεχνική εκπαίδευση, αν και αν σκεφτεί κανείς πόσο καλά τα κατάφερνε, αυτό είναι λίγο δύσκολο να το πιστέψει.

I don't know when she started painting or how she learned it, according to her she never had a teacher or an art education, although considering how well she did it, that was a bit hard to believe.

Σε κάθε περίπτωση, πάντα έλεγε για τον εαυτό της ότι ήταν αυτοδίδακτη καλλιτέχνης και δεν είχε μάθει από κανέναν άλλον παρά μόνο από τα έργα άλλων καλλιτεχνών, παρακολουθώντας και αντιγράφοντας τους μεγάλους δασκάλους.

In any case, she always said of herself that she was a self-taught artist and had not learned from anyone other than the works of other artists, watching and copying the great masters.

Λάτρευε τους Γάλλους ιμπρεσιονιστές, ιδιαίτερα τον Μονέ και τον Ρενουάρ. Επίσης τον κυβισμό του Πικάσο και τα υπερρεαλιστικά οράματα του Νταλί. Είχε πολλά βιβλία με αναπαραγωγές των πινάκων του.

She loved the French Impressionists, especially Monet and Renoir. Also the cubism of Picasso and the surrealist visions of Dalí. She had several books with reproductions of his paintings.

Διαβάζοντας αυτά τα βιβλία από τη γιαγιά μου έμαθα πολλά για την ιστορία της τέχνης, τόσο που όταν άρχισα να σπουδάζω τέχνη στο πανεπιστήμιο ήξερα ήδη σχεδόν όλα όσα μελετούσα στο μάθημα της Ιστορίας της Τέχνης.

Reading these books from my grandmother I learned a lot about art history, so much so that when I started studying art at university I already knew practically everything I studied in Art History class.

Η γιαγιά μου μού άφησε αυτές τις αναμνήσεις και πολλές καλλιτεχνικές γνώσεις, αλλά άφησε και πολλούς πίνακες. Θυμάμαι τη γιαγιά μου να ζωγραφίζει πράγματα στην κουζίνα που τα τοποθετούσε σε διάφορες θέσεις: μια ντομάτα, ένα βάζο με χυμό, μερικά φλιτζάνια.

My grandmother left me these memories and a lot of artistic knowledge, but she also left many paintings. I remembermy grandmother painting things in the kitchen that she arranged in different positions: a tomato, a vase of juice, some cups.

Μερικές φορές η γιαγιά μου ζητούσε από εμένα ή τη μητέρα μου να καθόμαστε για ώρες και μας ζωγράφιζε. Η γιαγιά μου σχεδίαζε και ζωγράφιζε τα πάντα πολύ καλά, από νεκρές φύσεις μέχρι πορτρέτα.

Sometimes my grandmother would ask me or my mother to sit for hours and she would paint us. My grandmother drew and painted anything very well, from still life to portraits.

Σήμερα έχω ακόμα ένα πορτρέτο που έφτιαξε η γιαγιά μου με τη μητέρα μου και εμένα, καθώς και ένα τοπίο μιας παραλίας που ζωγράφισε σε μια από τις διακοπές της στο Coney Island.

Today I still have a portrait that my grandmother made of my mother and I, also a landscape of a beach that she painted on one of her vacations on Coney Island.

Η γιαγιά μου Αριάνα είναι ο πιο πολύτιμος θησαυρός των παιδικών μου χρόνων, τον οποίο διατηρώ ακόμη και σήμερα στη μνήμη μου. Και παρόλο που μου λείπει ανά πάσα στιγμή, νιώθω ότι με συνοδεύει

καθημερινά με την κληρονομιά και τις διδαχές της.

My grandmother Ariana is the most precious treasure of my childhood that I still keep in my memory today. And although I miss her at all times, I feel that she accompanies me every day with her legacy and teachings.

Είμαι σίγουρη ότι αν δεν ήταν εκείνη δεν θα είχα αφοσιωθεί στην τέχνη, οπότε κάθε φορά που αντικρίζω τον λευκό καμβά ευχαριστώ τη γιαγιά μου για την ύπαρξή της.

I'm sure that if it weren't for her I wouldn't have dedicated myself to art, so every time I face the white canvas I thank my grandmother for having existed.

Βρίσκετε τον έρωτα στη Σαντορίνη;
Finding love in Santorini?

Η Έλενα είναι μια εικοσιοκτάχρονη Αμερικανίδα, ζει στη Νέα Υόρκη, αλλά η οικογένειά της είναι από την Ελλάδα και οι ελληνικές ρίζες της αποτελούν αναμφισβήτητο κομμάτι της ζωής της.
Elena is a twenty-eight year old American woman, she lives in New York, but her family is from Greece and her Greek roots are an undeniable part of her life.

Ωστόσο, δεν το σκέφτηκε ποτέ ιδιαίτερα, εκτός από τη στιγμή που κάποιοι φίλοι τη ρώτησαν για την καταγωγή της οικογένειάς της.
However, she never thought much about it, except when some friends asked her about the origin of her family.

Η Έλενα είχε ζήσει μόνο τα δύο πρώτα χρόνια της ζωής της στην Ελλάδα. Τα παιδικά και εφηβικά της χρόνια τα πέρασε στη Νέα Υόρκη. Ήταν πάντα πολύ καλή μαθήτρια, η καλύτερη στην τάξη της, και όταν αποφάσισε τι θα κάνει στο μέλλον, αποφάσισε να σπουδάσει νομικά.

Elena had only lived the first two years of her life in Greece. Her childhood and adolescence were spent in New York. She was always a very good student, the best in her class, and when deciding what to do in the future, she decided to study law.

Καθώς ήταν πολύ συγκεντρωμένη στις σπουδές της, δεν έβγαινε πολύ έξω ούτε είχε πολλούς φίλους, αλλά οι προσπάθειές της απέδωσαν καρπούς και καθ' όλη τη διάρκεια των σπουδών της πέτυχε άριστους βαθμούς.

As she was very focused on her studies, she didn't go out much or have many friends, but her efforts paid off and throughout her studies she achieved excellent grades.

Με τα χρόνια η Έλενα έγινε εξαιρετική δικηγόρος και τώρα εργάζεται σε ένα πολύ διάσημο δικηγορικό γραφείο στο Μανχάταν.

Over the years Elena became an excellent lawyer and now works at a very prestigious law firm in Manhattan.

Η δουλειά της Έλενας είναι πολύ απαιτητική και προκλητική. Κάθε μέρα σηκώνεται πολύ νωρίς για να πάει στη δουλειά. Ξεκινάει κάθε μέρα με ένα κρύο ντους και πολύ δυνατή ροκ μουσική.

Elena's job is very demanding and challenging. Every day she gets up very early to go to work. She starts each day with a cold shower and very loud rock music.

Το πρωινό της αποτελείται από καφέ και ελληνικό γιαούρτι με δημητριακά. Μετά το πρωινό ντύνεται και παίρνει το μετρό για να πάει στη δουλειά της.

Her breakfast consists of coffee and greek yogurt with cereal. After breakfast she gets dressed and takes the subway to go to work.

Στις πέντε το απόγευμα τελειώνει τη δουλειά της και επιστρέφει στο σπίτι. Συνήθως γευματίζει στο σπίτι μόνη της ή με έναν φίλο της. Τα Σαββατοκύριακα της

αρέσει να κάνει τζόκινγκ στο Central Park τα πρωινά και τα απογεύματα πηγαίνει σινεμά ή επισκέπτεται ένα μουσείο με φίλους.

At five in the afternoon she finishes work and returns home. She usually dines at home alone or with a friend. On weekends she likes to go jogging in Central Park in the mornings and in the afternoons she goes to the movies or she visits a museum with friends.

Η ζωή της είναι λίγο ρουτίνα, αλλά της αρέσει η πρόκληση της δουλειάς της και το να βοηθάει τους πελάτες της, ενώ και ο μισθός της είναι πολύ καλός.

Her life is a bit routine, but she loves how challenging her job is and being helpful to her clients, and the salary is very good as well.

Ένα κυριακάτικο απόγευμα, αφού έκανε κάποια ψώνια, η Έλενα δέχτηκε ένα απροσδόκητο τηλεφώνημα από κάποιον που είχε καιρό να δει, ήταν η θεία της Τερέζα.

One Sunday afternoon, after doing some shopping, Elena received an unexpected call from someone she hadn't seen for a long time, it was her Aunt Theresa.

Η θεία Τερέζα είχε επιστρέψει για να ζήσει στην Ελλάδα πριν από μερικά χρόνια και από τότε δεν είχαν μιλήσει παρά μόνο μερικές φορές στο τηλέφωνο. Η θεία Τερέζα προσκάλεσε την Έλενα να περάσει τις διακοπές στο σπίτι της στη Σαντορίνη.

Aunt Theresa had returned to live in Greece a few years ago and since then they had not spoken more than a couple of times on the phone. Aunt Theresa invited Elena to spend the holidays at her home in Santorini.

Η Έλενα αποδέχτηκε αμέσως την πρόσκληση. Πώς θα μπορούσε να αρνηθεί; Είχε πολλά χρόνια να δει τη θεία της Τερέζα και δεν είχε πάει ποτέ στη Σαντορίνη.

Elena accepted the invitation immediately. How could she refuse? She had not seen her aunt Theresa in many years and she had never been to Santorini.

Έτσι, μετά από μερικές εβδομάδες πήρε διακοπές, μάζεψε τα πράγματά της και πήρε μια πτήση για την Αθήνα και στη συνέχεια για το νησί της Σαντορίνης. Η θεία Τερέζα την υποδέχτηκε με μια μεγάλη αγκαλιά και μια μεγάλη γιορτή με ελληνικά φαγητά.

So after a few weeks she took a vacation, packed up and took a flight to Athens and then to the island of Santorini. Aunt Theresa received her with a big hug and a great feast of Greek food.

Παρά το διάστημα που δεν είχε δει τη θεία της, η Έλενα ένιωσε αμέσως σαν στο σπίτι της.

Despite the time without seeing her aunt, Elena felt at home right away.

Η θεία Τερέζα ζούσε με τον σύντροφό της Οθέλλο σε ένα όμορφο λευκό σπίτι με θέα στη θάλασσα. Η γραφική θέα της Σαντορίνης μοιάζει φτιαγμένη για καρτ ποστάλ.

Aunt Theresa lived with her partner Othello in a beautiful white house overlooking the sea. The picturesque views of Santorini seem made to be on a postcard.

Στη Σαντορίνη μπορείτε να βρείτε τα πάντα για να χαλαρώσετε και να απολαύσετε μια ευχάριστη διαμονή.

In Santorini you can find everything to relax and enjoy a pleasant stay.

Εκτός από τις παραδεισένιες παραλίες και την εκπληκτική θέα στη θάλασσα. Υπάρχουν πολλά εστιατόρια, καφετέριες και καταστήματα για όλα τα βαλάντια και όλα τα γούστα.

In addition to the paradisiacal beaches and breathtaking views of the sea. There are many restaurants, cafés and shops for all budgets and all tastes.

Επίσης, η νύχτα στη Σαντορίνη είναι πολύ δραστήρια, η αναβράζουσα νυχτερινή ζωή έχει μια εορταστική ατμόσφαιρα που δεν τελειώνει μέχρι να ανατείλει ο ήλιος.

Also, the night in Santorini is very active, the effervescent nightlife has a festive atmosphere that does not end until the sun rises.

Αλλά αυτό που βρήκε η Έλενα πιο ενδιαφέρον στη Σαντορίνη δεν ήταν οι παραλίες ή τα ψώνια, αλλά τα συναρπαστικά απομεινάρια του αρχαίου ελληνικού πολιτισμού που βρίσκονται σε όλη τη Σαντορίνη.

But what Elena found most interesting in Santorini was not the beaches or shopping but the fascinating vestiges of the ancient Greek civilization that can be found all over Santorini.

Η Έλενα ενδιαφερόταν πάντα για την αρχαιολογία και την αρχιτεκτονική των αρχαίων χρόνων. Η Έλενα πήγε να επισκεφθεί πολλά ελληνικά ερείπια που τα βρήκε πολύ ενδιαφέροντα, αλλά οι πιο όμορφες αναμνήσεις της είναι οι εμπειρίες που είχε στο ταξίδι της στο Ακρωτήρι.

Elena was always interested in archeology and architecture from ancient times. Elena went to visit many Greek ruins that she found very interesting, but her most beautiful memories are the experiences she had on her trip to Akrotíri.

Κοντά στο χωριό του σημερινού Ακρωτηρίου, το αρχαίο χωριό Ακρωτήρι θάφτηκε κάτω από τη λάβα κατά τη διάρκεια μιας ηφαιστειακής έκρηξης. Στον αρχαιολογικό χώρο του Ακρωτηρίου, οι επισκέπτες μπορούν να περπατήσουν μέσα στα συντρίμμια της πόλης για να δουν τα απομεινάρια των πήλινων κτιρίων.

Near the village of modern Akrotíri, the ancient village of Akrotíri was buried below lava during a volcanic explosion. At the Akrotiri Archaeological Site, visitors can walk through the debris of the town to see remains of the clay buildings.

Είναι τόσο καλά διατηρημένη που συχνά συγκρίνεται με την Πομπηία. Στην περιοχή υπάρχουν απομεινάρια κτιρίων, κεραμικών και συστημάτων αποχέτευσης, τα οποία αποδεικνύουν ότι η Σαντορίνη ήταν ένα πλούσιο και ευημερούν νησί πριν από την έκρηξη του ηφαιστείου.

It is so well preserved that it's often compared to Pompeii. The site has remnants of buildings, pottery, and drainage systems, which prove that Santorini was a rich and prosperous island before the eruption of the volcano.

Ενώ η Έλενα έβγαζε μερικές φωτογραφίες αυτού του όμορφου μέρους, συνέβη το πιο σημαντικό γεγονός του ταξιδιού της στη Σαντορίνη.

It was while Elena was taking some photographs of this beautiful place that the most important event of her trip in Santorini occurred.

Ένας άντρας τη ρώτησε αν μπορούσε να τον βγάλει μια φωτογραφία και τον φωτογράφισε. Στη συνέχεια άρχισαν να μιλούν και να γνωρίζονται καλύτερα.

A man asked her if she could take a picture of him and she did. Then they started talking and getting to know each other.

Το όνομά του ήταν Peter και ήταν ένας Αμερικανός γιατρός που ζούσε επίσης στη Νέα Υόρκη και έκανε διακοπές στην Ελλάδα. Ήταν πολύ ψηλός και είχε ξανθά μαλλιά και μπλε μάτια.

His name was Peter and he was an American doctor who also lived in New York and was on vacation in Greece. He was very tall and had blond hair and blue eyes.

Η Έλενα τον βρήκε πολύ ελκυστικό και του έδωσε το τηλέφωνό της. Την επόμενη μέρα, είχαν ραντεβού σε ένα πολυτελές εστιατόριο.

Elena found him very attractive and gave him her phone number. The next day, they had a date at a luxurious restaurant.

Το ραντεβού ήταν πολύ ρομαντικό, το εστιατόριο είχε υπέροχη ατμόσφαιρα και πολύ εκλεπτυσμένη γαστρονομία. Ήπιαν κρασί και έφαγαν αστακό και στρείδια.

The date was very romantic, the restaurant had a great atmosphere and a very sophisticated gastronomy. They drank wine and ate lobster and oysters.

Μετά το δείπνο πήγαν μια βόλτα. Τι θα μπορούσε να είναι καλύτερο από αυτό το ραντεβού με τον Peter;

After dinner they went for a walk. What could be better than this date with Peter?

Η Έλενα είχε αρχίσει να ενθουσιάζεται και να φαντάζεται πώς θα ήταν να συνεχίσει να βγαίνει με τον Peter στη Νέα Υόρκη, ίσως θα μπορούσε να γίνει το αγόρι της και μετά ποιος ξέρει; Ίσως να ζούσαν μαζί, αλλά οι ψευδαισθήσεις της σύντομα θα συγκρουστούν με την πραγματικότητα.

Elena had begun to get excited and imagined what it would be like to continue dating Peter in New York, maybe he could be her boyfriend and then who knows? Maybe living together, but her illusions would soon collide with reality.

Καθώς περπατούσαν, ο Peter της είπε ότι ήταν παντρεμένος. Αυτό ήταν ένα μεγάλο πλήγμα για την καημένη την Έλενα.

As they walked, Peter told her that he was married. This was a great blow to poor Elena.

Λυπήθηκε πολύ, αλλά έκανε ότι δεν την ένοιαζε, ώστε ο Peter να μην καταλάβει την απογοήτευσή της.

She became very sad, but pretended not to care so that Peter would not notice her disappointment.

Την επόμενη μέρα ο Peter της τηλεφώνησε ξανά για να της ζητήσει να βγείτε, αλλά η Elena δεν δέχτηκε και δικαιολογήθηκε λέγοντας ότι είχε ήδη μια δέσμευση.

The next day Peter called her again to ask her out, but Elena did not accept and excused herself saying that she already had an engagement.

Της είχαν απομείνει μόνο μερικές ημέρες διακοπών στη Σαντορίνη και έτσι η Έλενα αποφάσισε να περάσει τις τελευταίες ημέρες με τη θεία της Τερέζα.
She only had a couple of vacation days left in Santorini so Elena decided to spend the last few days with her aunt Theresa.

Ήταν ωραία η ψευδαίσθηση ότι είχε βρει έναν τόσο όμορφο φίλο σε ένα τόσο ενδιαφέρον μέρος, αλλά η Έλενα σκέφτηκε ότι υπήρχαν πολλά ψάρια στη θάλασσα και δεν είχε νόημα να θρηνεί για μια ερωτική απογοήτευση.
It had been nice to have the illusion of having found such a handsome boyfriend in such an interesting place, but Elena reflected that there were many fish in the sea and there was no point in lamenting a disappointment in love.

Σε λίγες μέρες θα επέστρεφε στο σπίτι της και θα ξεκινούσε μια νέα ζωή, ποιος ξέρει

αν ο έρωτας της ζωής της την περίμενε στη γωνία;
In a couple of days she would go back home and start a new life, who knows if the love of her life was waiting for her around the corner?

Μια συνέντευξη για δουλειά, ή δύο;
A job interview, or two?

Η Τίφανι βγήκε από τη μπανιέρα και αφού τύλιξε μια πετσέτα γύρω από το σώμα της, πήγε μπροστά από τον καθρέφτη και είπε στον εαυτό της:
Tiffany got out of the bathtub and after wrapping a towel around her body, she walked in front of the mirror and said to herself:

"Κοίτα πώς είσαι Τίφανι, φαίνεσαι εντυπωσιακή και η σημερινή συνέντευξη για δουλειά θα είναι σίγουρα τέλεια και θα πάρεις αυτή τη θέση, ταιριάζεις απόλυτα με αυτό που ψάχνουν".
"Look at you Tiffany, you look impressive and today's job interview will surely be perfect and you will get that position, you fit perfectly with what they are looking for".

Στην πραγματικότητα, είχε πολύ άγχος γι' αυτή τη συνέντευξη, αλλά αυτά τα λόγια τη

words / reasons

βοήθησαν να **αποκτήσει** επιπλέον αυτοπεποίθηση.

Actually, she was very nervous about this interview, but those words helped give her some additional confidence.

Η Τίφανι ήταν 28 ετών και ζούσε στην Αθήνα. Από τότε που **αποφοίτησε** εργαζόταν στην ίδια **εταιρεία** με μεγάλη **επιτυχία**, ωστόσο ήταν **άνεργη** εδώ και έξι μήνες.

Tiffany was 28 years old and she lived in Athens. Since she graduated she had worked in the same company with great success, however she had been unemployed for six months.

Είχε χάσει τη δουλειά της λόγω **συρρίκνωσης** της εταιρείας που βρισκόταν στα **πρόθυρα της χρεοκοπίας**.

She had lost her job due to a downsizing of the company that was on the verge of bankruptcy.

Η Τίφανι έφυγε από το μπάνιο και πήγε στην κρεβατοκάμαρα, όπου **επέλεξε** τι ρούχα θα φορέσει, αποφάσισε κάτι απλό και κλασικό, ένα πολύ κομψό μαύρο κοστούμι.

Tiffany left the bathroom and went to the bedroom, where she chose what clothes to wear, she decided on something simple and classic, a very elegant black suit.

Είχε αγοράσει τα παπούτσια την προηγούμενη ημέρα και ήταν όμορφα και εκλεπτυσμένα. Κοίταξε το ρολόι και ήταν ώρα να βιαστεί: σε μια ώρα είχε τη συνέντευξη και ο τόπος του ραντεβού ήταν αρκετά μακριά.

She had bought the shoes the day before and they were beautiful and sophisticated. She looked at the clock and it was time to hurry: in an hour she had the interview and the place of the appointment was quite far away.

Πήγε πίσω στο μπάνιο, βούρτσισε τα δόντια της και έβαλε γρήγορα λίγο μακιγιάζ και τέλος το άρωμα- ένα όχι πολύ φανταχτερό άρωμα. Ήταν συνέντευξη για δουλειά, όχι ραντεβού!

She went back to the bathroom, brushed her teeth, and quickly applied some makeup and finally the perfume; a not too flashy fragrance. It was a job interview, not a date!

Αφού έριξε μια τελευταία ματιά στον καθρέφτη, έφυγε από το σπίτι και πήρε το μετρό. Δεν ήταν **ώρα αιχμής**, οπότε υπήρχε μια ελεύθερη θέση και η Τίφανι κάθισε **αναπαυτικά.**

After taking one last look in the mirror, she left the house and took the subway. It wasn't rush hour so there was a free seat and Tiffany sat down comfortably.

Για να **απαλλαγεί** από τα νεύρα της, αποφάσισε να ακούσει έναν **καθοδηγούμενο διαλογισμό** που χρησιμοποιούσε για να **χαλαρώσει** και να κοιμηθεί.
To get rid of her nerves, she decided to listen to a guided meditation that she used to relax and sleep.

Σε λίγα λεπτά ένιωθε ήδη πολύ χαλαρή, σιγά σιγά η χαλάρωση **αυξήθηκε,** η αναπνοή της έγινε πιο αργή και **βαθιά.** Σιγά σιγά **αποκοιμήθηκε, χαμένη** σε έναν βαθύ ύπνο.

In a few minutes she already felt very relaxed, slowly the relaxation increased, her breathing became slower and deeper. Slowly she fell asleep, lost in a deep sleep.

Ήταν δύο ώρες αργότερα όταν την ξύπνησε ένας εργάτης του μετρό. Η Τίφανι, μόλις ξύπνησε, κοίταξε το ρολόι της, ήταν 5 η ώρα και η συνέντευξη ήταν στις 4 η ώρα!
It was two hours later that a subway worker woke her up. Tiffany, as soon as she woke up, looked at her watch, it was 5 o'clock and the interview was at 4 o'clock!

Τι να κάνω; Η Τίφανι κοίταξε το τηλέφωνό της και είδε ότι υπήρχε ένα μήνυμα: "Δεσποινίς Τίφανι, δυστυχώς και εφόσον δεν παρευρεθήκατε στη συνέντευξη η θέση για την οποία σας εξετάζαμε έχει ήδη ανατεθεί σε άλλο άτομο, σας παρακαλούμε να μην μπείτε στον κόπο να έρθετε, αφού η συνέπεια και η υπευθυνότητα είναι απαραίτητες προϋποθέσεις για τη θέση".
What to do? Tiffany looked at her phone and saw that there was a message: "Miss Tiffany, unfortunately and since you did not attend the

interview the position for which we were considering you has already been assigned to another person, please do not bother to come, since punctuality and responsibility are necessary requirements for the position."

Η Τίφανι ήταν πολύ λυπημένη και θυμωμένη με τον εαυτό της, ήταν πολύ αργά για να κάνει κάτι. Έτσι αποφάσισε να κατέβει σε αυτόν τον σταθμό και να πιει ένα ποτό.
Tiffany was very sad and angry with herself, it was too late to do anything. So she decided to get off at this station and have a drink.

Αυτή ήταν μια από τις πλουσιότερες γειτονιές της Αθήνας, η Τίφανι ζούσε μακριά και δεν ερχόταν ποτέ εδώ, οπότε φαινόταν μια καλή ευκαιρία να αποσπάσει την προσοχή της από την άσχημη κατάσταση που περνούσε.
This was one of the richest neighborhoods in Athens, Tiffany lived far away and never came here so it seemed like a good opportunity to distract herself from the bad situation she was going through.

Μόλις βγήκε έξω, πήγε σε ένα μπαρ κοντά στην έξοδο του μετρό και παρήγγειλε ένα ουίσκι με πάγο. Η ατμόσφαιρα ήταν πολύ ευχάριστη, υπήρχε ζεστός φωτισμός που αναδείκνυε την πλούσια υφή του δέρματος και των επίπλων από μαόνι.

Once outside, she went to a bar near the subway exit and ordered a whiskey on the rocks. The atmosphere was very pleasant, there was warm lighting that brought out the rich texture of the leather and mahogany furniture.

Εξακολουθούσε να κατηγορεί τον εαυτό της που πήρε την κακή απόφαση να ακούσει αυτόν τον καθοδηγούμενο διαλογισμό σε μια τέτοια στιγμή, αλλά σιγά-σιγά το ουίσκι μείωσε την ανησυχία της.

She still reproached herself for having made the bad decision to listen to that guided meditation at a time like this, but little by little the whiskey lessened her concern.

Λίγα μέτρα πιο πέρα στο μπαρ βρισκόταν ένας άνδρας που την κοιτούσε επί αρκετά λεπτά. Η Τίφανι ένιωσε λίγο φοβισμένη, επειδή το βλέμμα του ήταν πολύ επίμονο.

A few feet away at the bar was a man who had been staring at her for several minutes. Tiffany felt a little scared because his gaze was very persistent.

Τι θα ήθελε αυτός ο άνθρωπος; Θα ενδιαφερόταν γι' αυτήν; Ήταν κάποιος που είχε συναντήσει στο παρελθόν αλλά δεν θυμόταν; Πολλές ερωτήσεις και υποθέσεις γέμισαν το μυαλό της.

What would this man want? Would he be interested in her? Was it someone she had met before but didn't remember? Many questions and hypotheses filled her mind.

Τελικά, ο άντρας την πλησίασε και κάθισε δίπλα της. Φορούσε ένα κοστούμι πολύ καλής ποιότητας χωρίς γραβάτα, φορούσε ένα ρολόι Rolex και ένα άρωμα που η Τίφανι δεν μπορούσε να αναγνωρίσει, αλλά ήταν αναμφίβολα πολύ ακριβό.

Finally, the man walked over to her and sat down next to her. He wore a very good quality suit without a tie, he wore a Rolex watch and a *perfume that Tiffany could not identify but was undoubtedly very expensive.*

-Με συγχωρείτε νεαρή μου κυρία- είπε ο άνδρας- το όνομά μου είναι Martin Roberts και είμαι διευθυντής casting για μια κινηματογραφική εταιρεία. Είστε ηθοποιός;
-Excuse me young lady- said the man- my name is Martin Roberts and I am a casting director for a film company. Are you an actress?

- Εγώ, ηθοποιός; Χαχα, όχι, εργάζομαι στη διοίκηση - απάντησε η Τίφανι.
-Λοιπόν, αυτό δεν έχει σημασία, πώς σε λένε;
-Τίφανι.
- Me, an actress? Haha, no, I work in administration - Tiffany answered.
-Well, that doesn't matter, what is your name?
-Tiffany.

-Χάρηκα για τη γνωριμία Τίφανι. Όπως έλεγα, είμαι διευθυντής κάστινγκ και ψάχνουμε μια νέα ηθοποιό για έναν πρωταγωνιστικό ρόλο σε μια ταινία πολύ υψηλού προϋπολογισμού. Πρόκειται για μια ρομαντική κωμωδία που θα γυριστεί σε διάφορες τοποθεσίες σε όλο τον κόσμο. Νομίζω ότι εσύ, Τίφανι, έχεις την τέλεια εμφάνιση για το ρόλο που ψάχνουμε, όμορφη και κομψή, με μια δόση μελαγχολίας.

-Nice to meet you Tiffany. As I was saying, I am a casting director and we are looking for a new actress for a leading role in a very high budget movie. It is a romantic comedy that will be shot in different locations around the world. I think you, Tiffany, have the perfect appearance for the role we are looking for, beautiful and elegant, with a touch of melancholy.

Όσον αφορά την έλλειψη εμπειρίας σας, αυτή είναι δευτερεύουσα, με λίγους μήνες στην ακαδημία ταλέντων μας θα είναι αρκετή. Θα σας ενδιέφερε αυτή η ευκαιρία;

Regarding your lack of experience, that is secondary, with a few months in our talent academy it will be enough. Would you be interested in this opportunity?

Η Τίφανι έμεινε άφωνη, γέλασε και στη συνέχεια είπε ναι με μεγάλο ενθουσιασμό. Ο Martin Roberts της έδωσε την κάρτα του και έκλεισαν ραντεβού για να κάνουν μια δοκιμή της κάμερας στο στούντιο την επόμενη μέρα.
Tiffany was speechless, she laughed and then said yes with great enthusiasm. Martin Roberts gave her his card and they made an appointment to do a camera test in the studio on the next day.

Όταν ο Martin Roberts τον αποχαιρέτησε, η Τίφανι ήπιε άλλο ένα ουίσκι για να το γιορτάσει και πήρε το μετρό για να επιστρέψει στο σπίτι της.
When Martin Roberts said goodbye, Tiffany had another whiskey to celebrate and took the subway back home.

Στο δρόμο της επιστροφής σκέφτηκε ότι αν δεν την είχε πάρει ο ύπνος το απόγευμα και αν δεν είχε χάσει τη συνέντευξη για τη δουλειά της, δεν θα είχε βρεθεί ποτέ σε εκείνο το μπαρ για να την ανακαλύψει εκείνος ο άντρας.

On the way back she thought that if she hadn't fallen asleep this afternoon and if she hadn't missed her job interview, she would never have been to that bar to be discovered by that man.

Πόσο τρελή είναι η ζωή! Αυτό που είχε πει στον εαυτό της σήμερα το πρωί μπροστά στον καθρέφτη ήταν πολύ αληθινό, απλώς όχι με τον τρόπο που το φαντάζόταν. Ποιος θα μπορούσε να φανταστεί ότι σήμερα, αποκοιμιζόμενη, θα είχε μια τόσο μεγάλη αλλαγή στη ζωή της;
How crazy life is! What she had said to herself in front of the mirror this morning was very true, just not in the way she imagined it. Who could have imagined that today, by falling asleep, she would have such a big change in her life?

Όλα ήταν καταπληκτικά και απίστευτα, το μόνο σίγουρο ήταν ότι αύριο θα έκανε τα πρώτα της βήματα στη νέα της καριέρα. Οι φίλοι της πάντα της έλεγαν ότι ήταν πολύ ελκυστική και είχε χολιγουντιανή ομορφιά, αλλά ποτέ δεν το είχε πάρει πολύ σοβαρά.
Everything was amazing and incredible, the only certainty is that tomorrow she would take her

first steps in her new career. Her friends had always told her that she was very attractive and had a Hollywood beauty, but she had never taken it too seriously.

Ήταν μια πολύ ενδιαφέρουσα μέρα και ήταν ήδη κουρασμένη, φτάνοντας στο σπίτι της ξάπλωσε στο άνετο κρεβάτι της με γαλήνη και χαρά, αύριο θα ξεκινούσε τη νέα της ζωή ως ηθοποιός.

It had been too interesting a day and she was already tired, arriving home she lay down in her comfortable bed with peace and joy, tomorrow she would begin her new life as an actress.

If you were able to read the short stories in this book with no major difficulty, you probably have at least a B1 level of Greek according to the Common European Framework of Reference for Languages. Congratulations.

Printed in Great Britain
by Amazon